세관공매특강

세관공매특강

초판 1쇄 펴낸 날 | 2021년 1월 11일

지은이 | 설춘환 / 이호상
펴낸이 | 이금석
마케팅 · 경영지원 | 박지원
디자인 | 아이템_ EYE TEM
펴낸곳 | 도서출판 무한
등록일 | 1993년 4월 2일
등록번호 | 제3-468호
주소 | 서울시 마포구 잔다리로9길 10
전화 | 02)322-6144
팩스 | 02)325-6143
홈페이지 | www.muhan-book.co.kr
e-mail | muhanbook7@naver.com

가격 18,000원
ISBN 978-89-5601-759-4

설춘환 / 이호상의

세관공매

특강

설춘환 / 이호상 지음

무한

쏠쏠한 재미와 쏠쏠한 수익
세관공매 재테크

저금리 저성장 시대다. 더 이상 예금과 적금으로 돈버는 시대는 끝(?)
났다.
그래서 많은 사람들이 재테크를 하는 이유이기도 하다.

쏠쏠한 재미와 쏠쏠한 수익을 낼 수 있는 재테크
소액으로도 할 수 있는 재테크

바로 세관공매가 그 답이다.

세관공매는 공신력있는 매각절차다.

세관공매에는 관세청에서 하는 체화공매와 국가로부터 위탁을 받아서 대한민국상이군경회 유통사업단이 하는 국고공매가 있다. 국가기관이 하는 것이기 때문에 믿고 해도 된다.

수입품을 통관하기 위해서는 관세 등 세금 또는 수입조건을 풀어야 하는데 수입회사의 부도 등으로 그렇게 하지 못한 물품에 대한 공매가 체화공매다. 여행자 휴대품 중 유치된 것 또는 습득한 물품에 대한 공매도 체화공매다.

처음부터 통관할 의사없이 몰래 들여와서 걸린 밀수,몰수품에 대한 공매가 국고공매다. 체화공매를 진행하였는데 50%까지 유찰되었음에도 불구하고 매각되지 않는 물품은 추후 국고로 귀속시켜 국고공매를 하기도 한다.

세관공매가 발생하는 이유도 다양하고 더불어 공매물품으로 나오는 그 종류도 다양하다.

명품가방, 명품액세서리, 명품시계 등은 물론 대량으로 들어오는 일반 옷, 자전거, 가죽, 소파, 컵, 신발, 천, 냉동고기, 식료품 등 백화점이나 마트에 있는 물건이 다 있다고 보면 된다.

세관공매 물품은 싸게 낙찰 받을 수 있다. 경쟁률도 높지 않은 편이다.
왜?
일반인들이 세관공매를 잘 모르니까 말이다.

여러분은 이 책을 읽기 전 세관공매를 알고 있었는가?

그만큼 많은 사람들이 세관공매를 잘 모르고, 또 세관공매에 직접 참여할 수 있는지조차 모른다. 이제 여러분의 재테크 수단의 하나로 세관공매가 사랑받기를 희망해본다.

세관공매는 한번만 공부해두면, 한번만 경험해보면 여러분 스스로가 쉽게 할 수 있는 재테크다.

관세청사이트를 통해서, 유통사업단 사이트를 통해서 세관공매 물건을 쉽게 찾을 수 있고, 직접 가서 공람할 수 있고, 오프라인으로 또는 온라인사이트를 통해 입찰해서 낙찰도 받을 수 있다. 그리고 낙찰된 물건을 직접 사용하기도 하고, 팔아서 수익을 낼 수도 있다.

부동산경매나 온비드공매를 경험해봤던 사람들에게 세관공매는 껌(?)이다.
메커니즘과 절차가 거의 비슷하기 때문이다.

세관공매는 쉽다. 재미있다 그리고 신나는 재테크다.

오늘부터 세관공매에 관심을 갖고 스스로 해보길 권한다.
경험이 중요하다.

특히 이 책에서는
세관공매 물건을 찾는 방법, 공람하는 방법, 온라인 또는 오프라인으로 입찰하는 방법과 반출하는 방법 그리고 공매조건을 푸는 방법 등을 디테일하게 제대로 설명해 놓았다.

이번에 새롭게 개정되어 낸 이 책 한권이면 여러분 스스로 세관공매를 마스터할 수 있다.

다만 모든 재테크가 그러하듯 과유불급. 즉 너무 큰 욕심을 부리지 않길 기대한다.

이 책을 읽고 세관공매에 대한 질문 또는 커뮤니티가 필요하다면

[네이버카페 – 설춘환캠퍼스]에서 만나기를 희망한다.
이 책을 집필한 설춘환 교수와 이호상 강사를 만날 수도 있다.

또한 설춘환캠퍼스(www.seolcampus.kr)라는 유료동영상사이트에도 성원을 부탁드린다.

세관공매에 갈증을 느끼고 있을 대한민국 세린이(세관공매 어린이) 여러분에게 세관공매에 대한 든든한 나침반이 되어줄 것을 확신한다.

목

차

세관공매란?

1. 세관공매 정의 및 종류 27

1.1. 세관공매의 정의

1.2. 세관공매의 종류

1.3. 세관공매 물건의 종류

1.4. 세관공매를 통한 사업과 부업

1.5. 세관공매의 장점

2. 세관공매 사례 41

2.1. 낙찰 사례

2.2. 패찰 사례

2.3. 입찰결정 전 고려사항

3. 세관공매 관련 용어 정리 55

3.1. 세관공매시 알아두면 유용한 용어

3.2. 보세구역 설명

| 수입통관 절차 |

세관공매를 제대로 알기 위해서는 수입통관 절차를 개략적으로 알아두는 것이 좋다. 체화공매는 외국으로부터 물건 도착 후 보세구역에 물건을 장치(세관을 통관하려는 수출입 물건을 보세구역 안에 임시로 보관하는 것)하는데, 일정한 기간 화주가 수입신고를 하지 않거나 통관하지 않으면 이후에 장치기간 경과로 세관공매가 진행된다.

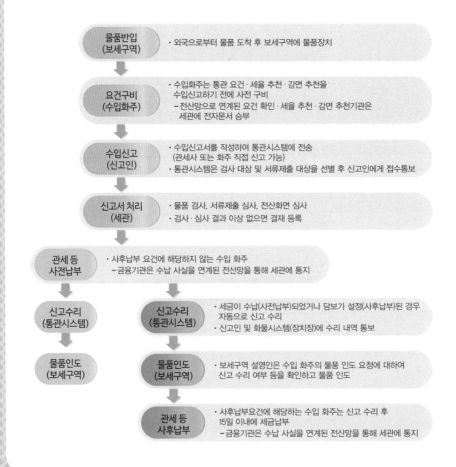

| 수입통관 절차 흐름도 |

수입화물은 입항 후, 보세구역에 장치가 되고 이후에 수입신고 후 통관이 된다.

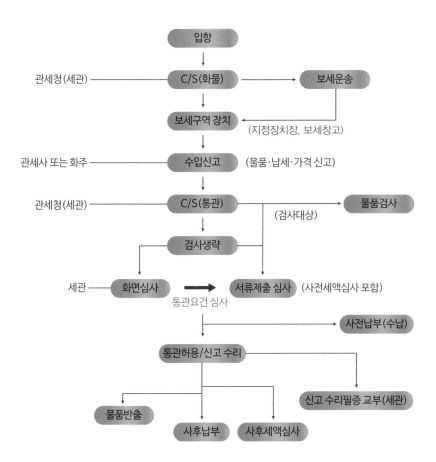

| 세관공매 흐름도 |

물건검색
❶ 체화공매 – 관세청 사이트 / 유니패스 사이트
❷ 국고공매 – 대한민국상이군경회 유통사업단 사이트
✽ '대한민국상이군경회 유통사업단' = '유통사업단'

입찰 준비
❶ 사업자등록증 발급(사업장 관할 세무서, 국세청 홈택스)
❷ 유니패스 사이트와 유통사업단 사이트 가입

물건정보 확인
공매목록의 품명을 가지고 물건 정보 확인
[네이버 / 다음 / 구글 사이트 등]

창고공람 및 물건가치 평가
❶ 체화공매 – 보세구역
❷ 국고공매 – 국고창고
[신분증 지참 / 사전예약은 필수]

판로 확인 및 입찰가격 산정
인맥 / 네이버와 다음 블로그, 카페 /
밴드 / 오픈마켓 / 화주 /
중고나라 사이트 등

<table>
</table>

입찰

❶ 체화공매 – 전자입찰 / 일반입찰

❷ 국고공매 – 전자입찰

낙찰 및 잔금 납부

– 낙찰 결과는 당일 확인
– 잔금납부는 낙찰일로부터 통상 1주일 이내
(공매조건이 있다면 낙찰 후 통상 1개월 이내 풀어야 한다.)

출고

❶ 체화공매 – 통관지원과 체화공매 담당자에게
반출서를 받아 창고로 가서 낙찰품을 수령한다.

❷ 국고공매 – 잔금납부 후 바로 국고창고로 가서
낙찰품을 수령한다. (반출서를 국고창고에서 작성한다.)

판매

❶ 출고와 동시에 입찰 전 확인한 판로로 매각

❷ 보관 후 매각

| 체화공매와 국고공매 |

체화공매

- 수입화물
- 여행자 휴대품

'장치기간 경과 후에 매각'
유니패스 전자입찰
or 일반입찰

화물의 소유자
화주

→ 50%까지 진행 후 유찰 시 국고공매에서 매각

국고공매

- 체화공매 50%유찰품
- 밀수품

유통사업단 전자입찰 or 세관위탁 물품판매장

화물의 소유자
국가

| 일반입찰과 전자입찰 |

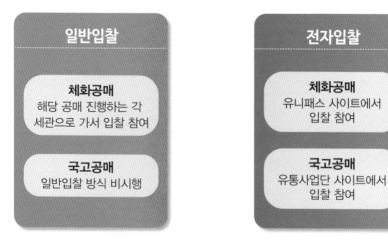

일반입찰

체화공매
해당 공매 진행하는 각 세관으로 가서 입찰 참여

국고공매
일반입찰 방식 비시행

전자입찰

체화공매
유니패스 사이트에서 입찰 참여

국고공매
유통사업단 사이트에서 입찰 참여

＊전자입찰은 유니패스와 유통사업단 사이트에서 진행하며,
별도로 각 사이트에 사전에 가입해야 한다.

입찰보증금

일반입찰

입찰하고자 하는 금액의
10% 이상의 금액을
공매 당일 입찰시간
전까지 각 세관의 지정된
방식에 따라 입찰보증금
납부 후 납부영수증을
수령하여 입찰 참여

전자입찰

유니패스
입찰 과정에서
입찰보증금 즉시결제

유통사업단
입찰 과정에서
입찰보증금 계좌이체

＊일반입찰의 경우 세관에 따라 입찰보증금 납부방식에 다소 차이가 있다.

매각대금의 납부

일반입찰

낙찰 후 지정된 은행에
가서 잔금 납부

전자입찰

유니패스
낙찰 후 즉시결제

유통사업단
낙찰 후 계좌이체

| 세관공매 Q&A BEST 15 |

01_ 세관공매란 무엇인가요?

• 수입 시 세금을 내지 않은 물건이나 수입조건을 이행하지 못하여 통관 안된 물건, 해외여행자가 면세 한도를 초과하여 압류된 물건이나 여행자 습득물을 일정기간이 지나도 주인이 찾아가지 않을 경우 세관에서 보관된 물건을 매각하는 것을 말합니다.

02_ 세관공매로 매각하는 물건의 종류는 어떤 것이 있나요?

• 명품가방, 귀금속, 식품, 의류, 선풍기, 대리석, 완구 등 수입할 수 있는 모든 물건이 세관공매로 나올 수 있습니다.
수입 불가한 마약류 등은 세관공매로 매각하지 않습니다.

03_ 세관공매 입찰은 어떻게 참여할 수 있나요?

• 세관공매에는 일반입찰과 전자입찰이 있습니다.
일반입찰은 공매를 진행하는 세관에 직접 가서 입찰에 참여할 수 있습니다.
전자입찰에 참여하기 위해서는 체화공매는 유니패스에 가입 후 참여하고, 국고공매는 대한민국상이군경회 유통사업단에 가입 후 입찰에 참여 가능합니다.

04_ 유니패스 가입 시 사업자로 가입해야 하나요, 개인으로 가입해야 하나요?

• 낙찰품의 사용 목적에 따라 판매할 목적이시면 사업자로, 자가사용 목적이시면 개인으로 가입하시면 됩니다.

05_ 세관공매의 물건 검색방법이 궁금합니다.

• 체화공매의 경우 관세청 홈페이지, 유니패스 등에서 검색 가능합니다. 국고공매의 경우 대한민국상이군경회 유통사업단 사이트에서 검색 가능합니다.

06_ 세관공매 물건은 진품인가요?

• 세관공매 물건은 모두 진품만을 매각합니다. 위조품은 모두 폐기처분이 원칙입니다.

07_ 세관공매 물건을 입찰하기 전에 볼 수 있나요?

• 창고에 가서 물건을 직접 보고 확인하는 것을 '공람'이라 합니다. 사전에 공매물건을 보관중인 창고에 공람 일정을 잡은 후 방문하여 세관공매 물건을 확인 가능합니다.

08_ 입찰 공매장에 들어가기 전에 입찰자가 준비해야 할 것은 어떤 것이 있나요?

• 사업자로 입찰할 경우 사업자등록증 사본 1매, 도장, 입찰자 신분증, 입찰보증금 납부영수증이 준비되어 있어야 합니다.

• 개인으로 입찰시 주민등록증 사본 1매, 도장, 입찰보증금 납부영수증이 준비되어 있어야 합니다.

- 대리로 입찰할 경우 위임인의 인감증명서, 위임장(위임자 명의와 위임기간, 사용인감을 명시한 것에 한함) 각 1매, 입찰자의 신분증, 입찰보증금 납부영수증이 준비되어 있어야 합니다.

09_ 세관공매에서 물건을 낙찰받기 위한 사업자등록은 다른가요? 또한 개인도 입찰에 참여할 수 있나요?

• 세관공매 입찰은 모든 사업자가 참여 가능합니다.
(예외적인 경우는 본문에서 설명하겠습니다.)

• 세관공매에서는 개인도 입찰에 참여할 수 있는 물건이 상당수 있습니다.

10_ 세관공매에서 수의계약을 잘 활용하라고 하는데 수의계약이 무엇인가요?

• 일반 수의계약을 해봤던 사람들이 가장 이해하기 어려운 것이 바로 세관공매에의 수의계약입니다. 일반 수의계약의 의미도 포함되나, 일반 거래에서의 수의계약은 일단 잊으십시오.

세관공매에서 수의계약은 아주 간단합니다. 입찰일에 정해진 최저매각가격(공매예정가격)이 아닌, 다음 회차 최저매각가격 이상으로 응찰해서 1등을 하면 낙찰되는 것입니다.

11_ 세관공매에서 입찰보증금은 얼마를 납부해야 하나요?

• 세관공매의 입찰보증금은 입찰하는 금액의 10%입니다. 예를 들어 최저매각가격이 1000만원인데 입찰을 1100만원에 한다면 입찰보증금은 110만원을 납부해야 합니다. 입찰보증금을 입찰금액의 10%보다 더 내는 것은 문제없지만 1원이라도 부족하면 입찰은 무효입니다.

12_ 입찰에 떨어졌을 경우 입찰보증금은 언제 받을 수 있나요?

• 일반입찰의 경우 패찰하면 바로 납부한 곳에서 돌려받을 수 있으며, 전자입찰의 경우 개찰한 당일 본인이 가입할 때 기재한 계좌로 입금처리 됩니다.

13_ 공매조건이 없는 공매물건인 경우 낙찰 후 바로 가져올 수 있나

요? 그리고 반출은 아무나 할 수 있나요?

• 공매물건을 낙찰받은 경우 잔금납부 후 입찰한 세관의 담당부서에서 반출서를 받아 물건을 보관하고 있는 보세구역에 가서 반출서를 제출하고 가져올 수 있습니다.

• 반출은 낙찰자 본인이 하는 것이 원칙이며, 사전에 보관중인 보세구역 창고에 연락하여 일정을 정하고 반출해야 합니다.

14_ 낙찰받은 물건은 판매 가능한가요?

• '사업자' 자격으로 입찰시 낙찰받은 물건을 판매 가능합니다. 세관공매 물건이 자가사용만 가능한 경우에는 원칙적으로 판매가 불가합니다.

15_ 세관공매에서 판로는 어떻게 확보할 수 있나요?

• 세관공매를 통해 돈을 벌고자 한다면 낙찰받기 전에 어디에 얼마 정도에 팔 수 있는지 확인해야 합니다. 세관공매 판로 개척 중 가장 많은 부분을 차지하는 것이 바로 인맥입니다. 물건에 대한 가치를 판단하고 판로를 개척하는 데 인맥만큼 중요한 것이 없습니다. 요즘은 판로를 개척할 때 중고나라 사이트, 공매물건 관련 카페, 블로그, 밴드 등도 많이 활용합니다. 오픈마켓(G마켓, 11번가 등)에 물건을 올리거나 스마트스토어를 직접 개설하여 판매하는 방법도 있습니다.

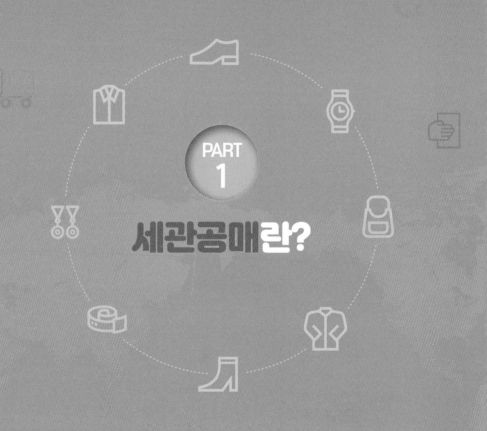

PART
1

세관공매란?

1. 세관공매 정의 및 종류

1.1. 세관공매의 정의

세관공매란, 외국에서 물건을 수입하면서 정해진 기간 내에 수입통관이 되지 않은 경우, 밀수한 경우, 해외여행자가 1인당 면세 한도가 초과된 물건을 국내에 가지고 들어오다가 적발되거나 해외여행객의 분실물을 습득한 경우 세관에서 보관하는데 일정기간 찾아가지 않는 경우, 이를 공개입찰을 통해 매각하는 것이다. 보통 세관공매의 물건이 명품 가방, 술, 화장품이나 의류 정도라고 생각할 수 있지만, 공매물건은 금, 다이아몬드, 식품종류, 경유, 돌, 각목, 침구, 책장, 벽지, 드릴, 카메라, 의료기기, 선풍기, 레이저 포인터, 휴대폰 배터리, 인형, 이불, 주사기, 자동차 등 다양하다.

공매예정가격도 적게는 몇 백 원에서부터 많게는 수십억 원에 이른다.

틈새 재테크 수단으로 각광받고 있는 것이 바로 이 세관공매이다.

1.2. 세관공매의 종류

사실 세관공매는 체화공매이다. 그러나 막상 입찰이나 공람 등을 해보면 세관공매에는 체화공매와 국고공매가 있다고 생각하면 이해가 쉽다.

① 체화공매

세관 보세창고에는 국내에 반입되지 못하고 쌓여 있는 물건들이 많다. 그래서 세관에서는 통관하지 못한 물건에 대한 법적 장치기간(물건의 보관기간)이 지나면 일반인에게 입찰을 실시, 매각하고 있다.

화주(체화공매에서의 물건의 주인)가 물건을 수입했으나 각종 법규에 묶이거나 업체 부도 등으로 찾아가지 않은 것, 또는 해외여행객의 해외 구매품 중 1인당 면세 한도가 넘어 압류된 것이나 분실물(습득물) 중 일정기간(1~6개월 정도)이 경과하도록 찾아가지 않는 물건이 체화공매로 매각된다. 분실물은 1개월 이내, 수입화물은 2~6개월 내에 물건을 찾아가야 한다. 낙찰이 되면 관세 등의 세금과 공매비용 등을 제외하고, 남는 돈이 있으면 화주에게 지급된다. 화주는 공매를 취소시킬 수도 있으며, 이것을 '면허'라고 한다.

체화공매는 전자입찰(온라인)과 일반입찰(현장입찰) 절차로 매각을 진행한다.

② 국고공매

국고공매는 유통사업단에서 진행하는 공매를 의미한다. 체화공매가 정상적으로 들어오다가 문제가 된 수입화물이나 여행자 휴대품에 대한 공매라면, 국고공매는 비정상적으로 들어온 밀수품과 몰수품이나 체화 공매에서 1~6회차까지 입찰 절차를 진행해도 유찰된 물건을 국고로 귀속시킨 다음 매각하는 공매이다. 즉, 체화공매에서 50%까지 유찰되어도 낙찰되지 않은 물건에 대한 공매라고 볼 수도 있겠다. 예를 들어 체화공매에서 1억 원에 나온 물건이 유찰되어 최초공매예정가격의 50%인 5000만 원까지 떨어지면 이후 절차를 거쳐 국고로 귀속된다. 이후에 국고공매를 진행하여 5000만 원부터 2500만 원까지 유찰되면, 2500만 원부터 1250만 원까지 진행한다. 그래도 유찰되면, 다시 1250만 원부터 낙찰될 때까지 진행한다. 국고공매에서의 물건 주인은 국가이다. 따라서 국고공매가 진행되는 동안 화주가 관세 등을 납부하고 공매를 취소시킬 수 없다. 특별한 문제가 없는 한 국고공매는 낙찰될 때까지 매각 절차를 진행한다. 국고공매는 통상 전자입찰(온라인)과 전시판매(논현동 전시장, 온라인)로 매각을 진행한다.

1.3. 세관공매 물건의 종류

화장품부터 자동차, 목재, 선풍기, 가상 화폐 채굴기, 신발, 액세서리, 카메라, 이불, 목걸이, 지갑, 의류, 드릴, 청소기, 내비게이션, 과자, 마늘, 경유 등 몇 백 원 짜리부터 수백억 원이 넘는 물건까지 물건의 종류와 가격대가 매우 다양하다. 대형마트나 백화점에 있는 모든 것이 세관공매 물건에 다 있다. 아니 더 많은 종류가 있다. 즉, 수입할 수 있는 모든 물건이 세관공매로 나올 수 있다.

세관공매 중에서 여행자휴대품 공매물건으로는 명품가방, 벨트, 지갑, 액세서리, 전자제품, 술 등이 자주 나온다. 전체적으로 보았을 때 세관공매 물건으로 농수산물, 가공식품, 의류, 주류(술), 전기제품, 기계용품이 많은 비율을 차지한다. 다이아몬드나 금괴도 공매물건으로 나오는 경우가 있다.

다음은 세관공매로 매각되는 물건 사진 일부이다. 2019년 국고공매로 넘어온 물건은 품명 옆에 국고공매라고 기재하였다. 이번 장에서는 체화된 공매물건만 기재하였다. 즉, 밀수품은 이번 장 예시에 없으므로 국고공매 물건의 최초공매예정가격에 곱하기2를 하면 체화공매의 최초 공매예정가격이 된다. 이유는 체화공매에서 50%까지 저감되어 국고공매로 넘어갔기 때문이다. 단, 세금 미만으로는 공매가격이 저감되지 않기 때문에 주류의 경우에는 체화공매에서 40%까지만 저감된 후에도 유찰될 경우 심사를 거쳐 국고공매로 넘어간다.

　세관공매로 나온 물건 일부이다. 더 많은 물건이 공매로 나오지만 지
면 관계상 일부만 기재하였다.

체화공매 물건

▶ **공매물건 : 구찌(GUCCI) 지갑**
- 최초공매예정가격 : 369,230원　　　• 매각수량 : 1개

▶ **공매물건 : 가방(SAINT LAURENT)**
　　MONOGRAM DOCUMENT HOLDER
- 최초공매예정가격 : 711,520원　　　• 매각수량 : 1개

▶ 공매물건 : 나이키 운동화(W AIR MAX 97)

- 최초공매예정가격 : 283,269원
- 매각수량 : 1개

▶ 공매물건 : 아즈텍 캘린더 2온스 은화(한정 발행 500SET)

- 최초공매예정가격 : 1,518,030원
- 매각수량 : 4SET

▶ 공매물건 : 에어팟(17S)

- 최초공매예정가격 : 330,690원
- 매각수량 : 61SET

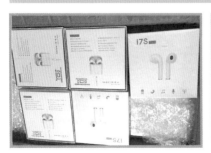

▶ 공매물건 : LG UHD TV

• 최초공매예정가격 : 2,638,090원   • 매각수량 : 1SET

▶ 공매물건 : 드론(RC DRONE)

• 최초공매예정가격 : 271,940원   • 매각수량 : 10SET

▶ 공매물건 : 로봇청소기

• 최초공매예정가격 : 750,208원   • 매각수량 : 1SET

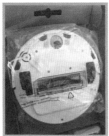

국고공매 물건

*국고공매의 최초공매가격에 'X 2'(곱하기2)를 하면 체화공매의 최초공매예정가격이 된다.
 (단, 밀수·몰수품 제외_밀수몰수품은 바로 국고로 오기 때문이다.)

▶ 국고공매물건 : 오토바이용 자켓
- 최초공매예정가격 : 19,582,470원 　　 • 매각수량 : 26박스

▶ 국고공매물건 : 슈즈
- 최초공매예정가격 : 15,882,090원 　 • 매각수량 : 2,000족(켤레)

▶ 국고공매물건 : 버블샌들

- 최초공매예정가격 : 21,492,130원 • 매각수량 : 10,635족(켤레)

▶ 국고공매물건 : 장화(두 종류 일괄 입찰조건)

- 최초공매예정가격 : 18,033,380원 + 7,362,140원
- 매각수량 : 5,696족(켤레) + 295족(켤레)

▶ 국고공매물건 : 화분

- 최초공매예정가격 : 10,671,070원 • 매각수량 : 1,133개

▶ 국고공매물건 : 유리잔

- 최초공매예정가격 : 461,380원
- 매각수량 : 70BOX (BOX당 6잔이 들어 있다.)

▶ 국고공매물건 : 면봉

- 최초공매예정가격 : 5,442,230원
- 매각수량 : 18,906PC

▶ 국고공매물건 : 미니 선풍기

- 최초공매예정가격 : 2,367,120원
- 매각수량 : 1,360개

▶ 국고공매물건 : 퀴노아

- 최초공매예정가격 : 311,228,390원
- 매각수량 : 14,042kg

▶ 국고공매물건 : 양복(MENS JACKET VS-F511-D, NAVY)

- 최초공매예정가격 : 48,975,900원
- 매각수량 : 3,876벌

▶ 국고공매물건 : 주류

- 최초공매예정가격 : 30,549,260원
- 매각수량 : 1,090병

▶ 국고공매물건 : 대리석

- 최초공매예정가격 : 4,226,460원
- 매각수량 : 12GT(21,500kg)

1.4. 세관공매를 통한 사업과 부업

세관공매 물건은 1~2개씩의 낱개보다는 대량으로 나오는 경우가 많다. 그러므로 유통업자, 매장을 가진 소매업자 등에게 유리하다. 세관공매를 통해 낙찰받은 물건은 자신이 직접 사용하는 경우도 있고, 사업적으로 유통시키는 경우도 있다. 설춘환 교수의 경우 인천공항세관에 가서 셀린느 러기지 가방과 설화수 화장품 등을 시세보다 저가로 낙찰받아 아내에게 선물을 하기도 했다. 또한 필자들은 자가사용 목적으로 스위스 GC시계, 필립스 면도기, 아가타 팔찌 등을 낙찰받아 사용하고 있고, 칼날과 드릴 등을 낙찰받아 사용하거나 매각한 것도 있다. 아쉬운 것은 예전 인천세관에서 공매로 나온 캠브리지 멤버스 바람막이 점퍼 840벌의 최초 공매예정가격이 340만 원으로 정해져서, 200만 원대

초반에 낙찰받고자 판로(사전에 500만 원 정도에 매각이 가능한 판로를 동대문 도매시장에 지인을 통해 확인했다)를 개척했으나, 필자보다 빠르게 시장조사를 한 제3자가 240만 원대에 낙찰받아 갔다. 세관공매는 본인이 사용할 것이 아니라면 판로를 스스로 개척해야 하고, 더불어 적정한 가격을 산정하여 결단력 있게 낙찰받는 것도 중요하다. 경매나 NPL로 부동산을 사면 묵혀 둘 수 있는데 반해 세관공매에서 낙찰받은 물건은 자신이 사용할 목적으로 낙찰받을 것이 아니라면 시간이 지날수록 대체로 물건의 가치가 떨어진다. 특히 유행에 민감한 물건들은 시간이 지나면 가격이 떨어지거나 끝내 매각이 불가능한 비싼 쓰레기(?)가 될 수 있음을 간과해서는 안 된다.

1.5. 세관공매의 장점

세관공매의 핵심은 '가격 저감'에 있다. 체화공매에서는 같은 물건이 6회에 걸쳐 공매가 진행되는 동안 1회 유찰될 때마다 10%씩 하락, 최초 공매예정가격에서 최종 50%까지 가격이 저감된다(단, 주류의 경우 세금 이하로는 공매가격이 하락할 수 없다).

체화공매는 1회차부터 6회차까지 낙찰이 안 되면 가격이 50%까지 떨어지고, 이후에는 국고 귀속 절차 진행 후 국고공매를 통해 일반적으로 매각이 될 때까지 가격이 떨어진다. 원하는 만큼 싸게 낙찰받는 것이야말로 세관공매를 십분 활용하는 요령이다. 세관공매는 일부 물건에 대해서는 전문지식이 필요하기도 하지만, 대부분은 특별한 전문지식이 없어도 낙찰받을 수 있고, 국가기관에서 하는 것이므로 믿을 수 있다. 세관공매는 형식과 절차가 정해져 있으므로 이익을 보기 위해서는 제대로 된 이론과 실무를 익혀야 한다. 지금부터 필자들과 함께 제대로 된 세관공매 이론과 실무를 익혀 보기로 하자.

2. 세관공매 사례

공매예정가격(최초공매가) 및 낙찰가 등의 금액은 대략적으로 적도록 하겠다. 금액에 약, 대략 등의 글은 제외하도록 하겠다.

2.1. 낙찰 사례

성공 사례

[사례 1] 체화공매(여행자 휴대품 공매) - 셀린느 가방

첫 매각기일 전날(월요일) 아내와 함께 인천국제공항 지하 1층에 있는 체화창고에 가서 셀린느 러기지 가방 등 물건 약 10개 정도를 공람했다.

일단 마음에 드는 것은 셀린느 러기지 가방과 아가타 팔찌, 설화수 여윤팩, 필립스 면도기, 에르메스 넥타이 등이었다. 물건의 상태를 확인했고 셀린느 러기지 가방은 시세를 확인했다. 휴대폰으로 검색해보니 신세계백화점과 갤러리아백화점에 셀린느가 입점해 있어 똑같은 가방이 360만 원에 판매되고 있었고, 연한 베이지색이 한정판이라 의미가 있었다. 셀린느 러기지 가방을 아내와 공람할 때 가격표가 붙어 있었는데 2300달러여서 환율을 달러당 1100원으로 계산해보아도 250만 원 정도였다.

먼저 상대적으로 가격이 저렴한 설화수 여윤팩과 아가타 팔찌를 1회차에서 수의계약으로 낙찰받았다. 체화공매 1회차 매각기일 최초 매각가격은 감정가 100%다. 그러나 단독 입찰이라 수의계약으로 90%에 낙찰을 받을 수 있었다. 입찰시 몇 명이 같은 물건에 입찰하는지 정확히 알 수는 없다. 분위기와 느낌상 단독 입찰일 것 같으면 다음 회차 가격 이상을 쓰면 된다.

셀린느 러기지 가방은 감정가가 140만 원이었다. 보증서가 없다는 점은 아쉬웠지만, 직접 사용할 것이라서 보증서는 큰 의미가 없었다. 공매 3회차, 즉 80%대에 입찰하려고 마음먹었다. 만약 입찰자가 나 이외에 다른 사람이 있다면 약 85%(119만 원)로, 단독 입찰이면 수의계약으로 70%대에 입찰해서 낙찰받으려고 했다. 운이 좋게도 경쟁자가 없어

서 70%대인 98만 원에 낙찰을 받았다.

[사례 2] 체화공매(주류매각 공매) – 시바스리갈과 발렌타인 17년산

앞서 셀린느 러기지 가방이 여성분들의 로망이었다면, 아마도 남성분들의 로망 중 하나는 양주가 아닐까?

셀린느 러기지 가방과 양주도 유니패스 사이트에서 공매공고 및 공매목록의 내용을 확인 가능하다. 여기서 개인 자격으로도 입찰이 가능한지 확인할 수 있다.

사전에 필자가 좋아하는 양주 발렌타인 17년산(700ml)과 시바스리갈 18년산(1000ml) 시세를 대형마트에 가서 체크했다. 발렌타인 17년산은 대형마트에서 12~13만 원 선에서 판매되고 있었다. 알코올도수가 40도, 43도 등 다양해서 가격이 다르다. 시바스리갈 18년산도 11~12만 원 정도였다. 각 7만 원에 낙찰받았다.

여행자 휴대품만 자가사용을 하는 것은 아니다. 체화공매나 국고공매에서 낙찰받아 자가사용을 하는 사례도 종종 있다. 카페 수강생 중에 한 분이 100만 원짜리 벽지를 30만 원에 낙찰받아서 직접 사용한 사례도 있었다.

▶ 양주 등은 사전에 인터넷 등에서 판매가격을 알아보고 입찰하자.

[사례 3] 국고공매 – 올론가이 브랜드 옷

지인이 국고공매를 통해 올론가이 브랜드 옷 100벌을 300만 원에 낙찰받았다. 이 올론가이 옷은 시중에서 벌당 150~200만 원대에 판매되고 있다. 개별적으로 매도하지 않고 100벌을 한 가게에 매각하였다고 한다. 저렴하게 산 만큼 상당한 수익을 올렸을 것으로 추측한다.

사실 부동산 경매같은 경우에는 얼마에 낙찰받아서 얼마에 판매했는지 누구나 다 알 수 있다. 부동산을 매매하고 나서 실거래가 신고를 하고, 등기부등본(등기사항전부증명서)에 그 거래 가격이 노출되기 때문이다.

그러나 세관공매를 통해 낙찰받은 금액은 사실상 제3자는 알 수 없고, 낙찰자가 다시 물품을 판매한 금액은 더더욱 누구도 알 수 없다. 당사자만 알 수 있을 뿐이다. 낙찰가격은 입찰에 참여했던 사람이 직접 전화했을 때만 얼마에 낙찰이 되었는지 확인할 수 있다.

[사례 4] 시세 수십 만원짜리 시계 300여 개를 2만 원씩
600만 원 가량에 낙찰받은 사례

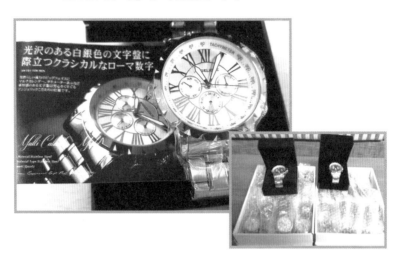

[그 외 낙찰 성공사례]

－체화공매(일반입찰) : 손목시계를 시세보다 저가로 낙찰받은 사례
이다.

▶스위스 GC 시계 및 G-SHOCK 시계

– **체화공매(일반입찰)** : 액세서리를 시세보다 저가로 낙찰받은 사례
이다.

▶샤넬 제품 및 스와로브스키 제품

– **유니패스(전자입찰)** : 명품 스카프와 넥타이를 시세보다 저가로 낙
찰받은 사례이다.

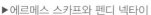
▶에르메스 스카프와 펜디 넥타이

– 국고공매 : 가방

국고공매에서 시세보다 1/5 ~ 1/6의 가격으로 가방을 낙찰받은 사
례로 시중가보다 저렴하게 성황리에 판매하여 수익을 본 사례이다.

실패 사례

다음은 세관공매로 실패한 사례이다. 이를 통해 세관공매시 주의할 점이 무엇인지 생각해보자.

[사례 1] 지인이 쓰겠다고 해서 낙찰받은 드릴이 있는데, 낙찰받고 나서 지인이 원하는 물건이 아니라고 해서 끝내 팔지 못한 드릴이 있었다. 고물상에 파니 실제 낙찰받은 가격보다 싸서 많은 손해를 감수해야 했다.

→ 공람을 하여 실제 물건을 보고, 모델명을 정확히 확인하는 것이 중요하다.

[사례 2] 완제품인 줄 알고 5000만 원짜리 앰프를 2000만 원에 낙찰받았다. 그러나 막상 확인해보니 그 앰프는 반제품이었고, 시세도 2000만 원이 채 안 되는 물건이었다.

→ 공람을 했더라도 물건에 대한 이해가 없으면 그것이 완제품인지 반제품인지도 구별하지 못하는 경우가 있다. 세관공매를 통해 낙찰받을 때 볼륨이 조금 큰 것이라면, 그 물건의 전문가와 함께 공람, 낙찰, 판로를 계획하고 실천하는 것이 좋다.

이밖에 포인터 2000개를 각 300원에 낙찰받았는데, 1000개가 불량이었다. 수리 비용이 각 포인터의 감정평가액을 넘어서 손해를 본 사례도 있다.

2.2. 패찰 사례

국고공매-다이아몬드

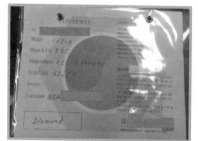 

▶다이아몬드 및 GIA 인증서 사진

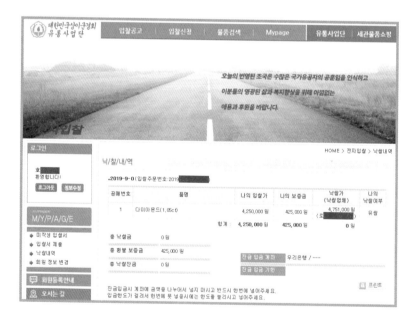

다이아몬드 전문 취급업체에 문의하니 낙찰 후 전문업체에 판매 가능한 가격이 600만 원이었다. 수익을 높이기 위해 공매예정가로 입찰하였으나 유찰(패찰)을 했다. 480만 원 이상으로 입찰가를 산정했다면 낙찰의 기쁨과 120만 원 이상의 수익이 발생했을 것이다. 너무 낮은 입찰가보다 적정한 입찰가를 산정하여 입찰을 해야 낙찰받을 가능성이 높아진다. 그렇다고 너무 높은 가격으로 입찰하면 수익 대신 손실을 입을 수도 있으니 입찰가 산정이 상당히 중요하다고 하겠다.

2.3. 입찰결정 전 고려사항

고려사항 1

판로 및 판매가격에 대한 빠른 확인, 그리고 입찰에 대한 결단력이 필요하다.

세 번에 걸쳐 보세창고를 방문했다. 인천에 있는 선광 컨테이너 보세창고에 가서 좋은 물건을 발견하여 공람하면서 사진을 찍어 두었다. 창고 방문 전에 옷을 판매하는 지인에게 '옷을 살 때는 사이즈와 소재를 제대로 확인해오라'는 말을 들어서 직접 입어도 보고 재질도 확인했다. 840벌의 바람막이 최초 감정가는 320만 원이었다.

B/L 번호	반입 일자	품명	HS 부호	수량	중량	보세 구역	공매 조건	제세 총액	공매 예가 (총액)
SHAINC E50005	2015/ 05/09	interlining	5903900 000	80U	312.0	브이지로 직스컨테 이너 보세 창고		378,160	2,389,737
DAIND5 5020109	2015/ 04/10	MENS HARD SHEEL JACKET	6203330 000	2,947U	1,597.0	(주)선광콘 테이너보 세창고	대외무역 법(원산지 표시) 품 질경영 및 공산품안 전관리법	10,743,4 70	66,409,1 0
DAIND5 5020104A	2015/ 04/22	캠브리지 자켓	6201131 000	819U	175.0	(주)선광콘 테이너보 세창고		631,800	3,231,831

의류는 사이즈와 색상이 중요하다. 가령 한국에서 판매하려고 하는데 사이즈가 95, 100, 105이어야지 만약 사이즈가 110, 120, 130이면 판로를 찾기가 어렵다.

색상도 마찬가지다. 필자가 보았던 점퍼는 색상이 녹색과 보라색으로 무난했고, 사이즈도 95, 100, 105로 국내에서 팔기에 상당히 좋은 물건이었다. 의류 도매상 하시는 분이 한 벌당 6000~7000원으로 팔 수 있겠다고 하셔서(사실 필자가 운영하는 카페에서 팔아도 5000원 이상으로는 팔 수 있을 것 같아서) 2600원대에 낙찰을 받으려고 하였으나, 더 높은 금액으로 이미 낙찰이 되어 버렸다. 판로 및 판매가격 확인과 입찰 결단력이 중요하다는 것을 느꼈다.

무조건 싸다고 낙찰받지 말자.

국고공매로 이탈리아 소파 180만 원짜리 100개를 각 30만 원에 낙찰받았다. 자신이 사용하려고 낙찰을 하나만 받았다면 정말 잘한 것이지만, 그것이 아니라면 꼼꼼히 따져보아야 한다. 그렇지 못하면 손실을 볼 여지가 다분하다.

- 낙찰받은 물건을 가져오는 비용
- 낙찰받은 물건을 보관하는 비용
- 낙찰받은 물건의 마케팅비용
- 낙찰받은 물건이 매각되었을 때 운반비용

어떤가? 자신이 사용할 것이 아니라면, 감정가보다 싸게 샀다고 무조건 이득이 아니라는 뜻이다.

공람 시 불량이나 하자가 없는지 체크하라.

목걸이 1000개를 시세 대비 약 50% 정도로 저렴하게 낙찰받았는데 그 목걸이 중 약 500여 개가 잠금장치가 고장나 있었다. 이를 수리하는데 상당한 비용이 들어갔다. 물건이 불량은 아닌지, 하자가 없는지 공람시 최대한 꼼꼼히 체크해야 한다. 하지만 현실적으로 하나하나 확인해 보기 어려운 측면이 있다.

전체적으로 확인을 못했다면 어느 정도의 위험을 감안하여 입찰가를 결정하여 손실을 보지 않도록 해야겠다. 다음 사항들을 추가로 고려하여 입찰 여부 및 입찰가격을 정하도록 하자.

- 오픈마켓(스마트스토어, G마켓, 11번가 등)에서 판매 시 수수료
- 공매조건을 이행하기 위한 비용(시험검사 비용 등)
- 판매하지 못했을 경우의 보관 및 처리비용 등

세관공매에서 낙찰 후 판매수익을 올리려면 위의 여러 사항을 고려 후 입찰가격 산정과 입찰유무를 결정해야 한다. 그렇지 못할 경우 손실이 발생할 수 있다.

3. 세관공매 관련 용어 정리

3.1. 세관공매시 알아두면 유용한 용어

세관공매를 하다 보면 생소한 용어가 많이 나오는데, 다음은 필자가 세관공매를 하면서 자주 들었고, 더불어 알아두면 좋은 용어를 정리한 것이다.

1. 공람

창고에 가서 물건을 직접 보고 확인하는 것을 세관공매에서는 '공람'이라 한다.

2. 공매

공공기관이 일반인이나 사업자에게 입찰 또는 경매 등의 방법으로 매각하는 것이다.

공매에는 자산관리공사가 진행하는 온비드 공매와 관세청 또는 대한민국상이군경회 유통사업단에서 진행하는 세관공매 등이 있다.

3. 관세 (Customs Duties, Tariffs)

수입되거나 수출되는 물건에 대하여 국가가 법률에 의하여 부과하는 조세를 말한다.

4. 면허

화주가 세금(관세, 부가세 등)을 납부하고 체화공매를 취소시키는 것을 의미한다. 즉, 세관공매에서 화주가 공매를 취소시키는 것을 '면허'라고 한다.

5. 반송

수입물건이 보세구역/창고에 장치(보관)된 상태에서 수입신고를 하지 않거나, 수입신고는 했으나 수리가 되지 않는 물건을 다시 수출국 또는 제3국으로 돌려보내는 것이다.

6. 선적항 CY (Container Yard)

컨테이너의 인수나 인도 및 보관을 하는 야적장으로 컨테이너 한 개에 만재되는 만재화물(FCL : Full Container Load)의 인도와 인수가 이

곳에서 이루어지고, 해상운송인으로서의 책임은 여기에서 시작되고 끝이 난다.

7. 선하증권 (B/L : Bill of Lading)

해상운송계약에 따른 운송화물의 수령 또는 선적(船積)을 인증하고, 그 물건의 인도청구권을 문서화한 증권이다.

수입화물을 공람할 때 B/L번호로 세관공매 물건을 찾으므로 반드시 창고 방문 전 알아가도록 한다.

8. 세관검사 (Customs inspection)

수출입통관, 여행자 휴대품, 이사화물 등에 대하여 과세표준 결정, 안보를 위한 물건 확인 등의 목적으로 물리적 검사를 실시하는 것을 말한다.

9. 수의계약

일반적으로 경쟁계약에 의하지 않고 임의로 적당한 상대를 선정하여 체결하는 계약을 말한다. 단, 세관공매에서 수의계약이란 이번 회차의 공매예정가격이 아닌, 다음 회차의 공매예정가격 이상으로 입찰해서 1등하여 낙찰받는다는 의미도 포함한다.

10. 장치(藏置)

세관을 통관하려는 수출입 물건을 보세구역 안에 임시로 보관하는 것을 말한다.

11. 장치기간 (Duration of storage)

보세화물을 보세구역에 장치해 둘 수 있는 법적으로 최대한 허용된 기간을 뜻한다. 보세구역의 성격에 따라 기간에 다소 차이가 있다. 통상 1~6개월 사이이다(여행자 휴대품 포함).

12. 적하목록 (Cargo Manifest, M/F)

화물의 선적이 완료되면 선사 또는 선적지 대리점에서 적재된 화물의 화물명세서를 말한다. 세관에서는 이것을 근거로 적재화물을 파악하고 화물의 단속이나 과세를 하게 된다.

13. 창고보관료

공매물건을 낙찰받을 때 창고보관료를 인수해야 하는 경우가 있다. 이것은 입찰물건상세서 등을 통해 꼭 체크하고 낙찰받아야 한다. 예를 들면 국고공매에서 국고창고인 인천창고가 아닌 제3의 창고에 물건이 보관되어 있을 경우 대부분 창고 보관료를 납부하게 되어 있다. 배보다 배꼽이 더 클 수 있으니 유념하길 바란다.

14. 체화

물건이 통관되지 못하고 세관 보세창고에 쌓여 있는 것을 뜻한다.

15. 컨테이너 터미널 (Container Terminal)

해상운송과 육상운송의 접점에 있는 항구 앞 장소로서 본선하역, 하역준비, 화물보관, 컨테이너 및 컨테이너화물의 접수, 각종 기계의 보관에 관련되는 일련의 장비를 갖춘 지역을 말한다. 컨테이너야드(CY) 및 컨테이너 화물집하장(CFS)이 여기에 속한다.

16. 컨테이너 화물집하장 (CFS: Container Freight Station)

컨테이너야드(CY)에 인접해 있으며 컨테이너 한 개를 채울 수 없는 소량화물(LCL)을 인수·인도·보관 및 컨테이너 적입(stuffing, vanning) 또는 적출(stripping, devanning) 작업을 하는 장소를 말한다.

17. 통관

관세법에서 정한 절차를 이행하여 물건을 수출·수입 또는 반송하는 것을 말한다. 수출 또는 수입하려는 물건은 모두 세관의 통관절차를 거쳐야 한다.

18. 포장명세서

포장에 관한 사항을 상세히 기재한 서류를 말한다. 포장 내의 수량과 순중량·총중량·용적·화인·포장의 일련번호 등을 기재하는 것을 말한다. 수출이나 수입의 통관 수속 때 심사 자료로 활용되고, 양륙지에서 화물을 처리하는 데 사용된다.

19. 화주

체화공매에서 물건의 주인을 말한다.

20. HS번호

국가 간에 상품을 교류함에 있어 국제적으로 상품 분류를 위해 부여하는 번호이다. HS번호는 다른 말로 세번부호라고도 한다. 여행자 휴대품은 품목별로 3개 한도로 낙찰받을 수 있다. 즉, 세번부호가 같은 것 3개까지만 낙찰받을 수 있다.

3.2. 보세구역 설명

▶ 보세구역

효율적인 화물관리와 관세행정의 필요에 따라 세관장이 지정하거나 특허한 장소. 수출입 및 반송 등 통관하고자 하는 외국물건을 장치하거나, 외국물건 또는 외국 물건과 내국물건을 원재료로 한 제조, 가공, 기타 유사한 작업, 외국물건의 전시, 외국물건을 사용하는 건설, 외국물건의 판매, 수출입 물건의 검사 등을 하는 곳이다.

▶ 보세사

보세사는 보세화물 및 내국물건의 반입·반출에 대한 입회 및 확인 등의 업무를 수행하며, 보세사의 자격은 일반직공무원으로서 5년 이상 관세행정에 종사한 경력이 있는 사람 또는 보세화물의 관리업무에 관한 전형에 합격한 사람이어야 하며, 시험에 합격하여 관세청장 명의의 보세사자격증을 교부받은 인원이어야 한다.

▶ 보세구역 구분

보세구역은 지정보세구역과 특허보세구역 및 종합보세구역으로 구분된다.

구분	개념	종류	설치목적
지정	• 국가·지자체·공항 (항만)시설 관리 법인의 자가 소유 또는 관리하는 토지·건물 기타의 시설을 지정 • 지정권자: 세관장	• 지정장치장 • 세관검사장	• 통관편의, 일시장치 및 검사목적 • 행정상 공공의 목적
특허	• 사인 토지, 건물 중 신청 • 특허권자: 세관장	• 보세창고 • 보세공장 • 보세건설장 • 보세전시장 • 보세판매장	• 장치, 제조, 전시, 건설 및 판매목적 • 사인의 이익추구
종합	• 특정지역 중 지정 • 지정권자: 관세청장	• 종합보세 구역	• 수출 및 물류촉진 • 개인 및 공공이익 (투자촉진 등 조화)

보세화물의 유통을 원활히 하고 화주가 신속히 통관을 해가도록 보세구역에는 장치기간을 설정하여 운영하고 있다. 관세채권의 확보 또는 보세구역내 질서유지 등을 위해 지정보세구역은 화물관리인이, 특허보세구역은 운영인이 각각 화물에 대한 보관 책임을 지며, 화물관리인과 운영인이 보세구역에 물건을 반출입시 반출입신고를 하거나 보세작업을 하고자 할 때 세관장의 허가를 받는 등 소정의 세관 절차를 이행해야 한다.

▶ 지정보세구역

지정보세구역이란 국가, 지방자치단체, 공항시설 또는 항만시설을 관리하는 법인이 소유 또는 관리하는 토지·건물, 기타의 시설을 세관장이 보세구역으로 지정한 것을 말한다.

세관장이 관리하는 지역은 직권에 의하여 지정할 수 있으며 세관장이 관리하는 지역이 아닌 곳은 해당 지역의 소유자 또는 관리자의 동의를 얻어 지정을 할 수 있다.

지정보세구역은 지정장치장과 세관검사장 2가지가 있다.

▶ 특허보세구역

특허보세구역이란 보세상태에서 외국물건을 장치·전시·판매하거나 제조·가공·건설 등의 경제활동을 할 수 있도록 특허된 보세구역을 말한다. 따라서, 특허보세구역을 설치 운영하고자 하는 자는 세관장의 특허를 받아야 하며, 이러한 특허보세구역은 보세창고, 보세공장, 보세전시장, 보세건설장, 보세판매장이 있다. 이 중에 세관공매를 하면서 알아야 할 것은 보세창고이다.

▶ 보세창고

통관을 하고자 하는 물건을 장치하기 위한 구역이다. 보관업을 하는 영업용 보세창고와 자가 화물 또는 운송인이 취급하는 화물을 보관하기 위한 자가용 보세창고로 구분된다. 보세창고에는 통관을 하고 자 하는 물건의 장치에 방해가 되지 않는 범위 내에서 세관장의 허가 를 받아 다른 내국물건도 장치할 수 있다. 물건과 외국물건 구별 없이 인화성 물질이나 폭발성 물건 등 특수한 물건은 장치할 수 없는 것이 원칙이나, 특수한 설비를 한 보세구역은 예외로 한다.

*출처 : 관세청

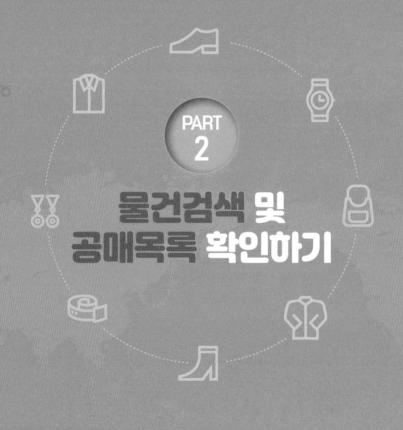

PART 2

물건검색 및
공매목록 확인하기

1. 관세청 체화공매

[수입화물 공매목록 보는 법]

화물 관리 번호	B/L 번호	보세 구역 명	포 장 수 량	포장 중량 (KG)	수량 단위	공매 번호	품명	입찰 구분 1	입찰 구분 2	공매 예정 가격 (원)	제세 총액 (원)	공매 조 건	반입 일자
18oZ 0183 20i- 000 4-00 02	609 976 001 0011	지정 장치 장 (특송 물류 센터)	1	0.50	EA	. 040- 20- 04- 900 002-1	GUC CI WALL ET	개인 및 사업자	일반 입찰	604, 450	95, 650		2018- 07-09
18FX Z086 75i- 400 1-05 71	813 397 630 105	페더 럴익 스프 레스 코리 아	12	300. 00	U	040- 20- 04- 900 019-1	T-SHI RTS/ PULL OVER /PAN TS/T RACK SUITS	사업자	일반 입찰	32, 225, 830	6, 299, 980	자원의 절약과 채활용 촉진에 관한 법률	2018- 07-21

＊출처 : 인천공항세관 2020년 제4차 매각공고 중 공매목록 일부 발췌

공매목록을 보면 공매번호, 화물번호, B/L번호 등 번호들도 참 많다. 하나씩 개념을 짚어보자.

▶ 화물관리번호

: 선사에서 부여한 수입화물의 관리번호

> 18oZ018320i-0004-0002

세관공매 물건의 역사를 알고 싶을 때 필요하다. '관세청 사이트 – 수입 화물통관' 코너에서 화물관리번호를 입력하고 클릭하면 물건 이동의 이력을 알 수 있다. 사람으로 치면 주민등록번호와 같은 것이다.

▶ B/L(Bill of Lading)번호

: 선하증권번호

> 6099760010011

화주와 선박회사 간의 해상운송계약에 의해 선박회사가 발행하는 유가증권과 선하증권은 선박회사가 화주로부터 위탁받은 화물을 선적 또는 선적 목적으로 수탁한 사실을 알리고, 화물을 양륙항(운송되는 물건의 환적항 또는 최종목적지)까지 운송하여 이 증권의 소지자에게 증권과 상환으로 운송화물을 인도할 것을 약속한 화물의 수취증권이다. 보통 한 화물 운송에 대해 여러 통의 증권이 발행되고, 지정한 항구에서 그 중 한 통과 교환하여 화물인도청구가 가능하다.

선하증권번호는 보세구역(창고)에 물건을 공람하고자 할 때 꼭 알아가야 한다. 즉 창고에서 물건을 찾을 때 필요한 번호다.

▶ 보세구역명

: 물건이 보관되어 있는 장소

지정장치장(특송물류센터)

물건 공람시 사전에 꼭 확인하고 가야 한다. 보세구역에 물건 공람시 사전에 예약하고 가는 습관을 갖자.

▶ 포장수량 및 수량단위

: 수량을 나타내지만, 물건의 정확한 수량을 확인하기 어렵다.

1 EA

수량의 단위는 물건에 따라 다르다. 1개일 수도 있고, 1박스일 수도 있으며, 1통일 수도 있다.

EA(Each)는 물류, 무역 쪽에서 수량 또는 1개당 가격의 의미로 사용한다. 그러나 이 1개의 의미는 현장에서만 정확한 확인이 가능하다. 가령 작은 박스에 컵이 8개 들어 있다. 이때 컵 하나를 1EA라고 해서 8EA라고 하는 경우도 있고, 통을 하나로 봐서 1EA라고 할 수도 있다. 그래서 사실상 직접 현장에서 공람하지 않는 이상 1EA와 8EA를 정확히 구별하기 어렵다. 다른 수량단위 또한 공람을 통해서만 정확한 수량 파악이 가능하다.

- PLT. Pallet - 가로 1.1m, 세로 1.1m

- CT. Carton - 박스

- U. UNIT - 물류, 무역 쪽에서 PCS와 비슷한 의미, 1개

- EA. Each - 수량 또는 1개당 가격

- CBM. Cubic Meter(입방미터)

▶ 포장중량

: 중량의 단위는 통상 kg이다.

0.50

이 경우 공매 물건의 중량이 0.50kg이라는 것이다. 공매목록의 중량
은 포장이나 박스까지 포함된 총 중량이다.

▶ 공매번호

: 공매를 하기 위해 물건을 분류해 놓은 번호

040-20-04-900002-1

040: 세관 표시(인천공항세관)　　**20**: 2020년에 공매를 한다는 표시

04: 공매공고 4차 - 2020년 인천공항세관에서 네 번째로 진행하는
　　공매라는 표시

900002 : 일련번호

-1 : 수입화물(끝에 -2인 경우는 휴대품을 의미)

공매번호는 체화창고나 보세창고에서 공매 물건을 찾을 때 필요한
번호이다.

▶ 품명

: 물건(물건)의 이름

GUCCI WALLET

창고에 공람하러 갈 때 사전에 네이버나 다음 등에서 품명을 입력해
서 물건에 대한 정보나 내용을 체크하고 가면 창고 공람이 보다 효
율적이다. 창고 공람시 꼭 품명에 대한 정보를 사전에 확인하고 가
는 습관을 들이자.

▶ 공매예정가격(원)

: 경매에서 최초 매각가격

604,450

통상 제세 총액이 포함된 가격이다. 공매예정가격 산출 심사위원회
에서 정한다.

▶ 제세 총액(원)

: 물건 매각에 관한 비용 및 관세와 부가세 등 각종 세금의 합계액

95,650

공매예정가격에 제세 총액이 포함되어 있다. 공매예정가격은 제세 총액 이하로 떨어지지 않는다.

▶ 입찰 구분 1

: 입찰자의 자격

개인 및 사업자

입찰자의 자격으로 개인도 가능하고, 사업자도 입찰이 가능하다는 의미이다. 입찰자의 자격에 사업자만 표기되어 있다면, 사업자만 입찰이 가능하다는 의미이다.

▶ 입찰 구분 2

: 전자입찰인지 일반입찰인지에 대한 표시

일반입찰

인천공항세관의 세관공매는 일반입찰 약 50%, 전자입찰 약 50%인 경우도 있으나, 공매입찰방법을 전자입찰로 할 것인지 일반입찰로 할 것인지는 통관지원과 담당직원의 자유재량이다. 공매물건 전체가 전자입찰 없이 일반입찰로만 나오는 경우도 있다.

▶ 공매조건

: 공매를 통해 물건을 사기 위한 조건

현재 이 물건에는 공매조건이 없다.

이 건과 같이 조건 표시가 없는 것은 누구나 쉽게 낙찰받을 수 있다. 그러나 공매조건이 있으면 통상 낙찰일로부터 1개월 이내에 이 공매조건을 풀어야 한다.

예를 들어 머리핀을 낙찰받고자 하는데 공매조건이 '대외무역법 원산지 표시'라고 되어 있다면, 낙찰받고 통상 1개월 이내에 핀에 원산지 표시를 해야만 출고가 가능하다. 스티커 등을 만들어서 붙이는 경우도 있고, 스탬프를 찍는 경우도 있다.

낙찰받고 잔금 납부 후 공매조건을 충족시키지 못하면 보증금을 제외한 잔금은 반환해준다. 다만, 낙찰자는 부정당업자가 되어 통상 6개월 이내 입찰에 참여할 수 없게 된다.

▶ **반입일자**

: 보세구역 안으로 물건을 들여와서 장치해 둔 날짜

2018-07-09

해당 물건의 보관기간을 추측해 볼 수 있는 날짜다. 이것은 2018년 07월 09일에 반입이 되었다는 의미다. 반입일자를 통해 물건의 체화기간을 추측할 수 있다.

[여행자 휴대품 공매목록 보는 법]

▶ 공매번호

여행자 휴대품은 체화창고에서 물건을 공람하는데, 그때 필요한 번호가 공매번호다. 수입화물의 세관공매 물건은 보세창고에 가서 물건을 공람하는데 공매번호 또는 B/L번호를 알고 가야 한다. 물건을 출고할 때도 마찬가지다.

▶ 일반입찰

여행자 휴대품은 통상 일반입찰이지만 전자입찰이 가능한 물건도 있다. 통관지원과 공매 담당자의 자유재량이다.

▶ 배송

낙찰 후 비용을 받고 배송을 해주는 경우도 있다. 그러나 통상 세관 공매 낙찰 후 배송은 거의 해주지 않고 있는 실정이다.

▶ 구분

- 유치 – 세관이 화주로부터 차후에 찾아가라고 맡아두었지만 끝내 찾아가지 않은 물건에 대한 공매
- 예치 – 화주가 차후에 찾아갈 거라고 세관에 맡겼지만 끝내 찾아

가지 않은 물건에 대한 공매

• 습득물 – 말 그대로 주운 물건에 대한 공매

▶ 입찰한도 수량

인천공항세관 여행자 휴대품 공매에 개인이 입찰에 참여할 경우, 1인당 같은 종류의 물건을 3개까지(세번부호가 같은 것)만 입찰 및 낙찰받을 수 있다. 즉, 같은 품목당 3개까지만 낙찰받을 수 있다. 이러한 여행자 휴대품을 낙찰받은 뒤에는 자가사용각서(서약서)를 작성해서 제출한다.

시일이 지남에 따라 변동될 수도 있으므로 입찰 전 체크하는 습관을 갖자.

[공매공고]

다음은 관세청의 인천공항세관 공매공고이다. 모든 세관의 공매공고가 비슷하다. 공매공고를 보는 방법 예시로 인천공항세관 '2020년도 제4차 장치기간 경과물품 공매공고'로 설명하겠다.

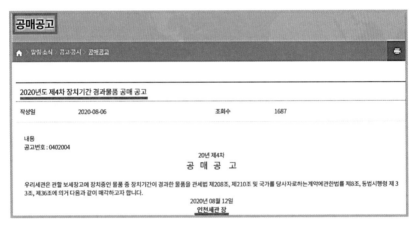

공매일시 표를 보면 통상 공매입찰이 어떻게 진행되는지 알 수 있다(전자입찰 일시).

첫 번째 매각(1회차 매각)은?

- 2020년 08월 19일 수요일 10시00분00초부터 입찰 시작
  (오전 10시 시작)

- 2020년 08월 19일 수요일 13시00분00초에 입찰 마감
  (오후 1시 마감)

- 2020년 08월 19일 수요일 13시00분00초에 개찰 결과 고지
  개찰 결과는 1시가 조금 넘으면 온라인상으로 표기가 된다.
  낙찰이 되면 2020년 08월 19일 수요일 16시까지 잔금 납부
  (오후 4시까지 잔금 납부)

여기서, 전자입찰의 경우 일반입찰의 경우와 달리 해당 회차에서 공매시작일시와 공매종료일시 사이에 전자입찰에 참여할 수 있다는 것이다. 하지만 시간적 여유를 가지고 전자입찰에 참여하여 종료시간이 경과하여 입찰을 못하는 불상사를 방지하자(일반입찰의 경우 공매시작일시에 입찰장에 들어가 있어야 한다. 늦을 경우 입찰 참여를 못할 수 있다).

체화공매는 1회차부터 6회차까지 진행된다. 최저매각가격(공매예정가격)은 다음과 같다.

```
1회차 − 100%

2회차 − 90%

3회차 − 80%

4회차 − 70%

5회차 − 60%

6회차 − 50%
```

여기서, 회차별 공매예정가격은 최초공매예정가격에 회차에 해당하는 %를 적용하면 된다. 예를 들어 최초공매예정가격이 100만원이면 3회차의 경우 100만원의 80%인 80만원이 3회차의 최저매각가격이 된다.

공매공고의 내용은 [관세청 사이트 − 알림 소식 − 공고 공시 − 공매공고] 또는 [유니패스 사이트 − 업무지원 − 체화공매 − 체화공매안내]에서 사이트에 가입하지 않아도 공매공고는 누구나 확인할 수 있다. 공매공고는 이것으로 끝이다. 유찰되더라도 다시 공고하지 않는다.

입찰하고자 하는 공매물건의 낙찰여부는 '관세청 유니패스 사이트 → 업무지원 → 체화공매 → 공매물품조회 → 낙찰진행정보'에서 공매번호 입력 후 확인 가능하다.

[입찰 시 수의계약을 제대로 알아두자]

세관공매에서의 수의계약은 다음 회차 공매예정가격 이상의 입찰가격으로 응찰하여 최고가인 경우 낙찰받을 수 있는 제도이다. 예를 들어 2회차에는 최초공매예정가격의 90% 이상으로 입찰해야 하지만, 다음 회차인 3회차에서 최초공매예정가격의 80% 이상으로 입찰해서 1등을 했다면 낙찰받을 수 있는 것을 말한다. 가령 최초공매예정가격이 100만 원이고, 2회차 90만 원, 3회차 80만 원이라고 가정했을 때 2회차 입찰 시 80만 원으로 입찰해서 1등을 하면 낙찰받게 되는 것이다.

일반적인 수의계약 내용도 포함된다.

입찰공고상세정보 하단에 첨부되어 있는 문서들을 꼼꼼히 읽어보자. 관세청과 유니패스 사이트에서 확인 가능하다. 공매공고의 첨부파일을 열어보면 그 중에 공매공고 내용이 적혀 있는 파일이 있다.

실제 공매공고를 발췌한 것으로 보는 방법을 설명하겠다.

다음은 인천공항세관 공매관련 첨부파일 중에서 '20년 제4차 장치기간 경과물건 매각공고'의 내용을 발췌한 것이다(내용이 달라질 수 있으므로 글자를 수정하지 않고 그대로 발췌하였다).

2020년 제4차
장치기간 경과물건(일반물건) 매각공고

인천세관 공고 제040-20-51호

세관공매의 근거법령

우리세관(공항) 관할 보세창고에 장치중인 물품 중 장치기간이 경과한
물품에 대하여 관세법 제208조, 제210조 및 국가를 당사자로 하는 계
약에 관한 법률 제8조, 동법시행령 제33조, 제36조에 의거 다음과 같이
매각하고자 합니다.

– 다   음 –

매각물건의 종류와 건수

1. 매각물품 : 의류, 공산품 등 166건(수입화물 65건, 여행자 휴대품 101

   건) (사업자 및 개인 대상)

   – 상세목록은 관세청 홈페이지(http://www.customs.go.kr)

   뉴스/소식 〉공고/공시 〉공매공고 참조

   ※ 낙찰여부(휴대품, 수입화물 모두 가능)는 인천본부세관 홈페이지

   〉공매낙찰진행정보 또는 관세청 유니패스 〉업무지원 〉체화공매

   〉공매물품조회 〉낙찰진행정보에서 공매번호 입력 후 확인 가능)

2. 매각방법 : 일반경쟁입찰

이것으로 1~6차 입찰공고 끝

3. 매각(입찰)일시 및 매각대금 납부기한

– 일반입찰공매(직접방문): 입찰시간 전까지 보증금 납부 및 입실

완료하여 입찰

입찰 시간을 엄수해야 한다
(늦으면 원칙상 입찰이 불가하다)

일반입찰 공매 일시

차 회	일 시	낙찰대금 수납마감일	입찰장소
제4차 1회	'20. 08. 19.(수) 10:00	'20. 08 25.(화) 16:00	인천세관(공항) 수출입통관청사 **2층 소회의실** ※사정에 따라 변경될 수 있음
제4차 2회	'20. 08. 26.(수) 10:00	'20. 09 01.(화) 16:00	
제4차 3회	'20. 09. 02.(수) 10:00	'20. 09 08.(화) 16:00	
제4차 4회	'20. 09. 09.(수) 10:00	'20. 09 15.(화) 16:00	
제4차 5회	'20. 09. 16.(수) 10:00	'20. 09 22.(화) 16:00	
제4차 6회	'20. 09. 23.(수) 10:00	'20. 09 29.(화) 16:00	

– 전자입찰공매: http://unipass.customs.go.kr 접속하여 직접 입찰

차 회	일 시	발표일시	낙찰대금 수납마감일
제 1회	'19. 09. 11.(수) 10:30~12:30	'19. 09. 11.(수) 13:00	'19. 09. 17.(화) 16:00
제 2회	'19. 09. 18.(수) 10:30~12:30	'19. 09. 18.(수) 13:00	'19. 09. 24.(화) 16:00
제 3회	'19. 09. 25.(수) 10:30~12:30	'19. 09. 25.(수) 13:00	'19. 10 01.(화) 16:00
제 4회	'19. 10. 02.(수) 10:30~12:30	'19. 10. 02.(수) 13:00	'19. 10. 07.(화) 16:00
제 5회	'19. 10. 16.(수) 10:30~12:30	'19. 10. 16.(수) 13:00	'19. 10. 21.(화) 16:00
제 6회	'19. 10. 23.(수) 10:30~12:30	'19. 10. 23.(수) 13:00	'19. 10. 28.(화) 16:00

4. 매각물품의 공람일시 및 장소 :

– 수입화물 : 매회 공매 개시 전 근무시간 내 해당 보세창고

(입찰조건 및 유의사항의 보세구역별 연락처 참조)

- 휴대품: 매회 공매 개시전 월요일 13~17시,

  인천세관(공항) 휴대품 체화창고

  (T1 ☎032-740-4135, T2 ☎032-740-4257)

● 공람시 현품 파손 주의 및 사진촬영 불가
  (개인정보보호법 및 항공보안법)

※ 현품 열람에 대한 시간 및 장소 제한이 있을 수 있으며 여유를 갖고
공람 전 보세구역에 미리 연락하여 원활한 공람이 진행될 수 있도록
협조해 주시기 바랍니다.

5. **매각물품의 예정가격 및 매각조건** : 인천세관 홈페이지 및 첨부 공
   매물품 목록 참조

6. **입찰참가자의 자격**(입찰조건 및 유의사항에 상세히 기재되어 있습
   니다)
   - 일반입찰
     • 개인대상 : 여행자 휴대품 중 목록상 개인으로 구분된 물품만 자
       가 사용목적으로 공매기간 통합(1~6회)동안 품목당 3개까지만
       구매가능 합니다(자가사용 각서 징구).

     • 사업자 등 : 세무서장이 발행한 사업자등록증 소지자로서 공매목
       록상의 입찰조건 및 유의사항을 승낙한 자에 한하며, 특별법 적
       용물품은 참가 자격을 별도로 요합니다.

       > 사업자로 입찰할 경우 공매조건을
       > 풀어야 반출 가능하다.

   - 전자입찰
     • 사업자 등 : 상기 일반입찰 사업자 조건과 동일

7. 입찰보증금의 납부

- 일반입찰 : 인천 화물터미널 B동 ups건물 2층 신한은행에서 교부받은 〈공매입찰보증금 납부영수증〉에 공매번호별로 입찰하고자 하는 금액의 10/100(10%) 이상을 기재하여 공매시작 전까지 신한은행에 납부하여야 합니다.

- 전자입찰 : 입찰과 동시에 입찰금액의 10/100 이상의 금액을 전자입찰시스템에서 제공하는 금융결제원의 BANKPAY 인터넷 결제서비스를 이용하여 입찰자가 지정한 해당은행의 계좌에서 인천세관 지정 세입세출관 계좌로 보증금이 이체 완료되어야 납부된 것으로 인정합니다(입찰보증금 납입 시 자동으로 입찰서 제출 처리되며, 개인으로 입찰 시는 개인계좌로, 사업자로 입찰 시에는 사업자 계좌로 계좌이체 결제하여야 합니다).

8. 매각대금 납입 방법

- 일반입찰 : 낙찰 당일 낙찰대금의 정부보관금 납부서로 보증금(입찰보증금은 낙찰계약금으로 대체)을 제외한 낙찰대금을 화물터미널 B동 ups건물 2층 신한은행으로 납부하여야 하며, 매각대금 불입은 낙찰금액으로 합니다.

- 전자입찰 : 낙찰자는 전자입찰시스템을 통해 납부 고지되는 낙찰잔금(총 입잘금액에서 입실보증금을 제외한 잔액)을 낙찰대금 납부기한 내에 체화공매 전자입찰시스템에서 제공하는 금융결제원의 BANKPAY 인터넷 결제서비스를 이용하여 납부하여야 합니다.

9. 계약보증금 국고귀속

- 소정기간내 낙찰대금을 완납하지 않거나 공매조건 및 매매계약사항을 이행하지 아니할 경우 별도의 제재조치를 가하며 계약보증금은 국고귀속 조치하고 통보는 생략합니다.

10. 낙찰취소 (무효)

- 낙찰 전 당해물품이 수출, 수입, 반송 신고수리 되었거나 「보세화물장치기간 및 체화관리에 관한 고시」 제21조(낙찰취소)의 사유가 발생한 때.

11. 세금계산서 교부대상

- 장치기간경과물품 부가가치세 징수지침에 의거 매각물품에 대한 세금계산서는 낙찰자가 아닌 체화물품 화주에게 교부됩니다.

> 공람을 반드시 해야 하는 이유

12. 오랜 기간 체화된 물품이므로 물품상태 등이 사진과 다를 수 있습니다. 공매입찰 전 반드시 현품을 확인하시기 바라며, 물품을 공람하지 않았다는 이유로 이의제기나 취소요청을 할 수 없습니다.

13. 입찰자는 낙찰여부를 확인하신 후 수령장소에서 낙찰자가 직접 수령하셔야 합니다.

- 여행자 휴대품 :

　(T1)여객터미널 12GATE 방향 지하1층 체화창고(032-740-4135)

　(T2)여객터미널 지하1층 서편 체화창고(032-740-4257)

   – 일반물품 : 당해물품이 보관된 지정장치장 및 보세창고(입찰조
     건 및 유의사항의 보세구역별 연락처 참조)

14. 낙찰물품에 대하여 세관에서 별도로 기타 증빙서류를 발급하지
    않습니다.

15. 공매공고에 따른 입찰조건 및 유의사항을 반드시 확인하고 입찰
    참여하여야 합니다. 인천세관장은 동 내용을 모두 숙지하고 입찰
    자가 입찰에 참여하였다고 인지하므로 공고내용과 상이하게 이의
    제기나 취소요청을 할 수 없습니다.

16. 우리세관 정부보관금 취급은행은 화물터미널 B동 ups건물 2층
    신한은행임을 알려드립니다.

> 체화공매 담당
> (여기서는 인천공항세관 공매담당)

17. 기타 자세한 사항은 우리세관 공항통관지원과 (☎032-722-4132)
    에 문의하시기 바랍니다.

18. 코로나19 관련 안내사항
   – 안전한 공매진행을 위하여 코로나19 예방수칙을 붙임과 같이 안
    내드리오니 적극 협조하여 주시기 바랍니다.

2020년 8월 5일

> 입찰을 진행하는 해당 세관장의
> 직인이 찍혀 있다(여기서는
> 인천세관장의 직인이 찍혀 있다).

이상이 첨부파일 '20년 제4차 장치기간 경과물건 매각공고'의 설명이다.

다음은 첨부파일 중에서 '입찰조건 및 유의사항(일반공매)' 파일의 내용이다.

실제 공람 및 입찰을 위해서는 첨부파일 내용을 읽어 보고, 공고 후에도 변경될 수 있으니 입찰보증금 납부장소 및 시간, 입찰일시, 입찰 시 제출서류 등을 확인하여 변경에 따른 피해를 보지 않도록 한다.

입찰조건 및 유의사항(일반공매)

1. 입찰참가 대상 : 사업자 또는 일반 개인

> 개인으로 낙찰 시 자가사용만 가능하며, 공매조건 이행 안함

※ 일반 개인은 목록상 개인으로 구분된 물품만 자가사용목적으로 구매가능(자가사용 각서 징구, 자가사용 목적외 사용시 부정당업자의 입찰자격제한을 받을 수 있습니다)하며 공매기간 통합(1~6회) 동안 품목당 3개(전체 10개)까지만 구매 가능하나 품목별로 상이할 수 있음(ex. 전자제품의 경우 전파법에 해당되므로 1개만 가능).

※ 공매물품 공람시 개인정보 유출 방지를 위하여 사진촬영을 금지하며 촬영 및 유포시 입찰자격제한을 받을수 있습니다.

※ 사업자는 낙찰수량과 관계없이 공매조건을 이행해야 함

> 예전에는 사진촬영이 가능하였으나, 현재 사진촬영 불가 조치 강화 (2020년 9월 확인)

2. 매각방법

가. 일반경쟁입찰

나. 경쟁입찰하여 낙찰되지 아니한 물품은 수의계약

다. 당회에 낙찰되지 아니한 물품에 대하여는 차회에 계속 공매에
   회부하고 재입찰공고는 생략합니다.

  라. 수의계약대상으로 결정된 물품에 대하여 그 계약을 체결하지
   아니한 경우는 유찰된 것으로 합니다(10항 참고).

  마. 공매낙찰(계약) 후 낙찰 취소된 물품 또는 낙찰 무효된 물품은
   유찰된 것으로 합니다(5, 7, 8, 9, 11항 참고).

바. 낙찰자와 계약서 작성은 「국가를 당사자로 하는 계약에 관한 법
   률」 제11조제1항 규정에 의하여 생략합니다.

3. 입찰시 제출서류

입찰시 반드시
입찰준비물 지참

가. 사업자 : 사업자등록증 사본 1매(도장 지참)

나. 개인 : 주민등록증 사본 1매(도장 지참)

다. 본인이 아닌 경우 인감증명서, 위임장(위임자 명의와 위임기간,
   사용인감을 명시한 것에 한함) 각 1매

라. 법인직원이 공매응찰을 위임받은 경우 재직증명서 1매

마. 입찰서 1매(우리세관 소정양식에 한함 : 공매 당일, 공매 장소에
   서 교부)

바. 입찰보증금 납부영수증 입찰건당 1매(화물터미널 B동 UPS건물

2층 신한은행에서 교부)

사. 기타 자격증 및 면허증(예 : 의약품 수입자 확인증, 주류수입업
면허증 등)

4. 입찰자 준수사항

가. 입찰은 본인이 직접(다만, 위임장을 소지한 수입자도 가능) 하여
야 하며, 공매에 필요한 증빙서류와 주민등록증을 제시하고 확인
받은 후에 입찰 등록서에 서명날인함으로써 입찰에 응할 수 있으
며, 이는 우리세관에서 실시하는 공매에 있어 제규정을 준수한다
는 것으로 간주합니다.

나. 입찰보증금은 인천 화물터미널 B동 UPS건물 2층 신한은행에서
납부서를 교부받아 현금 또는 시중은행 자기앞수표로 입찰가격의
10/100 이상을 공매당일 10시까지 납부하여야 합니다.

다. 입찰자는 공매대상물품 및 공매목록 원본을 직접 전량 공람 확인
하여 응찰한 것으로 간주하며, 응찰 후에는 당해물품의 규격, 성
상, 내품의 누락, 개체상의 결함 등에 대하여 물품을 공람하지 않
았다는 이유 등으로 여하한 이의도 제기할 수 없습니다.

라. 입찰서상에 기입한 주소, 성명, 날인, 물품, 수량, 금액은 한글 또는
한자로 정확 명료하게 기입하여야 하며, 정정은 두줄을 긋고 날인
후 다시 기입하여야 합니다. ⟨특별법 적용 물품 입찰시 필요서류⟩

마. 입찰자는 입찰시 대외무역법 제12조제2항 규정에 의하여 지식경

제부장관이 고시한 통합공고 제2조에서 정한 법령의 요건 구비를 요하는 물품을 낙찰받고자 할 경우 동 요건구비를 위한 다음의 자격요건을 갖추어야 합니다.

1) 의약품류(한약재 포함) : 약국개설자, 시·도지사의 의약품제조업 및 의약품도매상 허가증 또는 의약품 수입자 확인증 등

2) 주류 : 주류수출입업면허증

3) 식품류 : 식품의약품안전청장 또는 특별자치도지사·시장·군수·구청장의 영업허가증(영업종류별 또는 영업소별) 등

4) 먹는샘물 : 먹는샘물 수입 판매업 등록증 등

5) 유해물질 : 유해물취급허가증 등

6) 폐기물 관리법 대상 물품 : 수입폐기물 재생, 이용 승인증 등

7) 담배류 : 담배판매업등록증 등

바. 상기 마호의 물품 또는 그 이외의 통합공고상의 요건구비를 요하는 물품을 입찰할 경우 낙찰자는 낙찰 후 요건구비 불능 등을 이유로 이의를 제기할 수 없습니다.

사. 입찰자는 지정된 시간내에 공매장소에 입장하여야 하며, 투함된 입찰서에 대하여서는 여하한 이유를 막론하고 교환, 변경, 취소 등을 용인하지 않습니다.

아. 입찰은 공매번호별로 하는 것을 원칙으로 합니다.

자. 사업자 및 개인은 수입화물 및 여행자 휴대품 모두 입찰 가능(※단, 수입화물은 요건구비조건 충족시)하며, 수입 및 여행자 휴

대품 중 개인으로 구분되어 입찰한 물품은 자가사용 목적에 한합니다(서약서 제출, 자가사용 목적외 사용시 입찰자격제한을 받을 수 있습니다).

차. 입찰서 작성상 금액의 표시는 예시와 같이 한자 또는 한글(아라비아 숫자는 무효)을 사용하되 금액이 불명확한 것은 무효로 합니다.

예시) 한문 : 壹, 貳, 參, 拾, 百(예 : 壹拾參萬貳千원整)

한글 : 일, 이, 삼, 십, 백(예 : 일십삼만이천원정)

> 입찰서 작성시 금액은 한글 또는 한자로 기재
> (세관에 따라 한글만 명시한 곳도 있음)

5. 입찰의 무효

가. 「국가를 당사자로 하는 계약에 관한 법률」 시행령 제76조의 규정에 의거 부정당한 업자로 제재를 받은 자중 제재기간이 경과하지 않은 자가 입찰한 경우

나. 입찰서상의 기입내용이 불명확하거나, 정정한 곳에 날인을 하지 않은 경우

다. 공매번호별 입찰보증금이 입찰금액의 10/100 미만인 경우

라. 입찰자가 납부한 입찰보증금 총액이 당회 입찰서상의 입찰보증금 합계에 부족한 경우(당회 입찰건 모두 무효)

마. 입찰자격이 없는 자가 입찰하거나, 입찰경쟁에 참가할 자격에 관한 서류를 위조 또는 변조한 경우

바. 동일사항에 동일인이 2통 이상의 입찰서를 제출한 경우

사. 관계공무원의 공무집행을 방해한 자가 입찰한 경우

아. 입찰자의 서명, 날인이 누락된 경우

자. 공개경쟁입찰에 부당하게 가격을 저하시킬 목적으로 담합 또는 부정입찰하거나 기타 관계법규 위반사항이 발견된 경우

6. 낙찰자의 결정

가. 매각 예정가격은 특별한 경우를 제외하고는 2회 입찰 때부터 최초 예정가격의 10/100씩 체감합니다.

(예정가격은 제세를 포함한 가격이며 최초 예정가격으로 산출된 세액 이하로는 체감되지 않습니다.)

나. 낙찰자 결정은 공매번호별로 공매예정가격 이상을 기재한 입찰자 중 최고 금액을 기재한 입찰자로 합니다.

다. 동일가격 입찰자가 2인 이상인 경우에는 즉시 추첨으로 낙찰자를 결정합니다.

7. 낙찰자 계약 이행사항

가. 낙찰시에는 입찰보증금을 계약보증금으로 대체합니다.

나. 낙찰잔금은 공고된 납부기일내에 납부하여야 합니다.

다. 낙찰물품은 낙찰대금 납부당일에 출고하여야 하며, 이를 이행치 않는 사유로 물품의 부식, 손상, 분실, 기타 사고가 발생한 것에 대하여는 여하한 이의도 제기할 수 없습니다.

라. 특별법상 조건구비를 위해 물품을 보관장소(보세구역)에서 일시

반출하고자 하는 경우 세관에 요청할 수 있으며, 이때에는 반출사유, 동일성 확인 등을 검토한 후 그 기간만큼 허용할 수 있습니다.

마. 각종 법령에 의하여 검사, 추천, 형식승인 등의 공매조건 이행을 요하는 물품은 낙찰자 본인의 경비로 관련 조건을 이행한 후 그 증명서 등을 발급받아 낙찰일로부터 30일 이내에 원본을 제출하여야 하며, 조건 이행과 관련된 심사 등을 위하여 관련기관이 조건 이행 기간의 연장이 필요하다고 인정한 때에는 그 기간만큼 연장할 수 있습니다.

※ 공매조건 확인방법 : 관세청홈페이지 → 관세행정안내 → 수출입요건확인 → 수입요건확인물품 다운로드 → HS코드 입력 후 검색

바. 「대외무역관리규정」 제75조제1항에 따른 별표8의 원산지 표시대상 물품의 경우에는 낙찰자가 「원산지 제도 운영에 관한 고시」 제3장에서 정한 원산지 표시방법에 의거 원산지를 해당물품 반출 전 표시하여야 합니다.

사. 녹용, 녹각, 사향, 우황, 주사 등 고가수입 한약재 낙찰자는 공매 낙찰대금 완납 후 10일 이내에 한국의약품수출입협회에 품질검사를 의뢰하여 검사를 필한 후 반출하여야 합니다.

아. 위 바호 내지 사호 조건을 낙찰자가 이행치 않을시 낙찰포기로 간주하고 계약보증금을 국고귀속 조치하며, 그 사유는 별도 통보하지 않습니다.

8. 낙찰의 취소

가. 낙찰자가 소정기일 내에 낙찰대금 잔액을 불입하지 않는 경우

나. 낙찰자가 특별한 이유 없이 공매조건을 이행하지 않는 경우(특히 조건부 공매시 유의사항에 주의)

다. 공매 낙찰 전에 당해물품이 수출, 반송 또는 수입 신고수리된 경우

라. 착오로 인하여 예정가격, 공매조건 등의 결정에 중대하고 명백한 하자가 있는 경우

마. 기타 낙찰의 결정이 부당하다고 세관에서 인정할 경우

9. 계약보증금의 국고귀속

상기 8항의 각호에 해당하는 사유로 인하여 낙찰이 취소된 경우에는 당해물품에 대한 보증금은 국고 귀속 조치되며, 입찰자에 대하여는 「국가를 당사자로 하는 계약에 관한 법률」 시행령 제76조 규정에 의거 부정당업체로 제재하고, 그 사유는 별도 통지하지 아니합니다. 다만, 8항 다호 내지 마호에 해당하는 사유로 낙찰을 취소하거나 기타 낙찰자의 책임으로 돌릴 수 없는 명백한 사유가 있는 경우에는 그러하지 않습니다.

10. 수의계약

가. 수의계약이 가능한 경우

1) 1회 이상 경쟁 입찰에 붙여도 매각되지 아니한 경우(단독 응찰한 경우를 포함한다)로서 다음회의 입찰에 체감될 예정가격 이상의 응찰자가 있을 때

2) 공매절차가 종료된 물품을 국고귀속 예정 통고 전에 최종예정가격 이상의 가격으로 매수하려는 자가 있을 때

3) 부패, 손상, 변질 등의 우려가 있는 물품으로, 즉시 매각되지 아니하면 상품가치가 저하될 우려가 있을 때

4) 1회 공매의 매각예정가격이 50만 원 미만일 때

5) 경쟁 입찰방법에 의하여 매각함이 공익에 반하는 때

나. 위 가항 1호의 규정에 의하여 수의계약을 할 수 있는 자로서 그 체결에 응하지 아니하는 자는 당해물품에 대한 차회 이후의 경쟁 입찰에 참가할 수 없습니다.

다. 기타 입찰준수사항 등은 경쟁 입찰의 방법에 준하여 시행합니다.

11. 부정당한 입찰자에 대한 제한

「국가를 당사자로 하는 계약에 관한 법률」 시행령 제76조(부정당업자의 입찰참가자격 제한) 제1항의 규정에 해당하는 입찰자는 당해 입찰의 참가자격이 제한되며, 관세청장의 별도 통보시까지 입찰에 참가할 수 없음을 양지하시기 바랍니다.

12. 은행 안내

우리세관 정부 보관금 취급은행은 화물터미널 B동 UPS건물 2층 신한은행입니다.

(주소 : 인천광역시 중구 공항동로 295번길 77-8)

13. 기 타

가. 공매집행에 있어 관계규정의 해석이나 집행절차과정에서 야기되는 이의가 있는 경우 세관측의 해석에 의하여 결정됩니다.

나. 여행자 물품 공매 건에 대한 현품 열람은 매회 공매일 하루 전 13~17시에만 실시합니다.

> 공람 가능 일시는 변경될 수 있으니 사전예약 후 방문하길 바람

> 6회차(50%저감)까지도 유찰된 경우, 해당 물품은 국고로 귀속됨

다. 공매 종결 후 국고귀속된 물품은 수탁판매기관인 대한민국상이군경회(02-541-0321)에 위탁판매 의뢰합니다.

라. 기타 공매에 관한 사항은 우리세관 공항통관지원과(032-722-4132)에 문의하시기 바랍니다.

마. 낙찰일자 이후 발생하는 창고보관료는 창고사정에 따라 낙찰자에게 청구될 수 있음을 통보합니다.

● 보세구역별 연락처

※출입증 관련 문의는 각 창고에 방문 전 전화문의 바랍니다.

보세구역	전화번호	보세구역	전화번호
인천공항 세관지정장치장	032)740-4992	여행자 휴대품 체화창 고(T1)	032)740-4135
지정장치장 (특송물류센터)	032)744-6497	(주)서정인터내셔날 위험물터미널	032)722-7090
아시아나에어포트	032)744-5078	스위스포트코리아	032)744-1653,4

이상이 '입찰조건 및 유의사항(일반공매)' 발췌부분 설명이다. 실제 투자하기 전에 이외에도 첨부 파일을 꼼꼼하게 읽어보도록 하자.

다음 표는 인천공항세관 '2019년도 제8차 장치기간 경과물건 공매공고'의 수입화물 공매목록의 일부를 발췌한 것이다.

No	공매번호	품명	공매예정가격(원)	제세총액(원)	입찰구분1	입찰구분2	공매조건	반입일자
1	040-19-08-900094-1	WOMEN S SHIRT 106 PCS	463,640	90,630	사업자	일반입찰	대외무역법	2018-02-01
2	040-19-08-900031-1	CHARGER DEVICE POWER ADAPTE	75,420	11,500	개인 및 사업자	일반입찰	전기용품 및 생활용품 안전관리법	2018-09-21
3	040-19-08-900035-1	LED FLASHLIGHT 100개	94,960	15,020	사업자	일반입찰	산업안전보건법	2018-10-03
4	040-19-08-900002-1	LG 49UK6300 49INCH UHD LED TV 1	550,060	87,080	개인 및 사업자	일반입찰	전파법	2018-08-16
5	040-19-08-9000/4-1	WOOL UNDERLAY 150 200 1	2,358,150	373,160	개인 및 사업자	일반입찰	전기용품 및 생활용품 안전관리법	2018-08-10
6	040-19-08-900001-1	DYSON V8 VACUUAM	565,977	89,560	개인 및 사업자	전자입찰	전기용품 및 생활용품 안전관리법	2018-11-29

수입화물 공매목록에 해당 물건이 '일반입찰'인지 '전자입찰'인지 표기되어 있어 입찰하고자 하는 물건이 입찰장에 가서 입찰해야 하는 것인지 유니패스 사이트에서 전자입찰해야 하는 것인지 확인하고 입찰에 참여할 수 있다.

수입물건에도 사업자로 입찰이 가능한 물건이 있고, 개인 자격으로 입찰이 가능한 물건도 있음을 알아두기 바란다.

다음 표는 인천공항세관 '2019년도 제8차 장치기간 경과물건 공매공고'의 여행자 휴대품 공매목록의 일부를 발췌한 것이다.

연번	공매번호	보세구역명	규격	입찰수량	단위	입찰중량	중량단위	공매예정가격(원)	제세총액(원)	반입일자	입찰구분1	입찰구분2
28	040-19-08-900130-2	인천공항세관 유치장치장 (T1)	티파니앤코 상자(금색스마일목걸이) s/n 139129	1	EA	0.5	KG	1,627,560	257,560	2019-06-27	개인 및 사업자	일반입찰
29	040-19-08-900005-2	인천공항세관 유치장치장 (T1)	판도라 목걸이 세트 (797200, 590515-45) 1점	1	EA	0.10	KG	109,328	17,290	2019-04-20	개인 및 사업자	전자입찰

공매목록에 해당 물건이 '일반입찰'인지 '전자입찰'인지 표기되어 있다. 반입일자도 있는데 반입일자가 가급적 최근이면 좋겠다. 똑같은 수입화물이라면 국고공매(대한민국상이군경회 유통사업단)보다 체화공매의 물건이 보다 최근 것이라는 것을 알아두자.

수입화물이 반입되고 일정한 장치기간이 경과하면 공매감정 및 체화공매를 진행하고, 이후에 50%까지 저감되었음에도 불구하고 낙찰이 안 되면 이후에 국고 귀속 후 국고공매를 진행하기 때문이다.

여행자 휴대품은 같은 종류의 물건을 1인당 3개씩 낙찰받을 수도 있는데, 세번부호를 참조하면 된다. 세번부호가 같은 물건은 3개까지만 낙찰이 가능하다.

2. 국고공매-대한민국상이군경회 유통사업단

국고공매의 물건검색 및 공매목록은 '대한민국상이군경회 유통사업단'(이하 '유통사업단'이라 한다.)에서 확인할 수 있다.

유통사업단 사이트의 메인화면에서 '전자입찰'을 클릭한다.

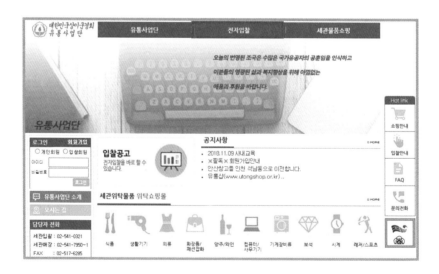

전자입찰 화면에 보이는 공고 [2020-41] 'GRANITE PRODUCTS C-black...'로 예를 들어 유통상업단의 공매목록 보는 방법을 설명하겠다. 공고 '2020-41'의 'GRANITE PRODUCTS C-black...'의 글자를 클릭한다.

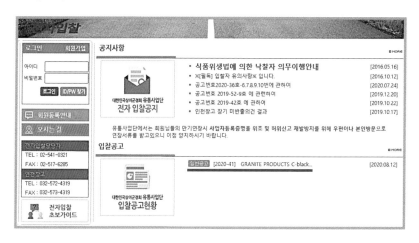

다음과 같이 공고 '2020-41'의 입찰일정과 유의사항이 나온다. 화면 하단의 '공매목록 프린트'버튼을 눌러 목록을 저장하면, 공매목록을 보기 위해 유통사업단에 매번 접속하지 않아도 된다. 공고번호 '2020-41'의 '진행상태'란을 보면 '입찰예정'으로 나와 있는 '차수'가 4차인 것을 알 수 있다.

'물품목록가기' 버튼을 누르면 '입찰물품보기' 화면으로 이동한다.

입/찰/일/정

▣ 입찰정보

공고번호	2020-41		
매각방법	매각	공고일자	2020-08-12

▣ 입찰일정

차수	시작일시	종료일시	낙찰결과 확인시작	잔금마감 일시	진행상태
0	2020-08-24 10:00	2020-08-24 14:00	2020-08-24 14:10	2020-08-31 16:30	입찰종료
1	2020-08-31 10:00	2020-08-31 14:00	2020-08-31 14:10	2020-09-07 16:30	입찰종료
2	2020-09-07 10:00	2020-09-07 14:00	2020-09-07 14:10	2020-09-14 16:30	입찰종료
3	2020-09-14 10:00	2020-09-14 14:00	2020-09-14 14:10	2020-09-21 16:30	입찰종료
4	2020-09-21 10:00	2020-09-21 14:00	2020-09-21 14:10	2020-09-28 16:30	입찰예정
5	2020-09-28 10:00	2020-09-28 14:00	2020-09-28 14:10	2020-10-08 16:30	입찰예정

잔금마감 시간은 잔금마감일 은행창구 영업시간 기준이며, 인터넷뱅킹/폰뱅킹/모바일뱅킹의 경우 잔금마감일 이체가능 시간까지입니다.

▣ 유의사항

★ 수출조건부 낙찰물품에 대한 선적이행등 관세청 사후관리지침시달내용

= 다 음 =

가. 낙찰물품의 보세운송장소를 지정장치장으로 제한

나. 낙찰자는 낙찰일로부터 30일이내에(30일이내의 범위안에서 연장가능)에 선적을 완료하고 B/L사본, 수출신고필 증사본 및 기타증빙서류를 첨부하여 당사업단에 완료보고

다. 선적이행기간내에 선적을 완료하지 아니한 경우 낙찰을 취소할것.(부정당제재)

★ 공매반출조건은 입찰자 이행사항이며, 물품을 꼭! 보관창고에서 공람하신후, 입찰에 참여하시기 바랍니다.

★ 공매조건은 꼭 이행하셔야만 반출이 가능하고,조건불이행시 반출불가 뿐 아니라 낙찰자 불이익(부정당제재)를 받게 되오니 이점 양지하시고 입찰 참여하시기 바랍니다.

★ 물품의 품명과 공고품명이 상이할수 있으니 물품의 상태 및 실품을 반드시 보관장소에 공람, 확 인후 입찰참여 하시고, 낙찰후 모든 책임은 낙찰자 부담으로 처리되오니 입찰참여시 이점 유의하시기 바랍니다.

★낙찰된후에는 어떠한 변경도 할수 없을 뿐 아니라, 불이익(부정당제재)도 받게 되오니 이점 꼭 양지하시기 바랍니다.

★ 동물류 은 실 수량과 차이가 다소 있으니 이점 양지하시고 입찰에 참여하시기 바랍니다.

★ 낙찰물품 반출시 창고 보관료,기타 부대비용 및 지출비용은 낙찰자 전액 부담이오니 각 해당물품 보관창고에 문의 후 입찰에 참여하시기 바랍니다.

★ 공매조건 품질은 품질경영 및 공산품안전관리법에의한 표시로써 안전검사기관에서 검사 확인후, 해당물품에 합격예의 한 표시로 반출합니다. 이점참고하시기 바랍니다.(상표가 병행수입물품은 상표법과 무관함.)

★ 전기용품안전관리법과 품질경영및 공산품안전관리법 명칭이 전기용품 및 생활용품안전관리법 으로 바뀌었습니다. 이점 양지하시기 바랍니다.

★ 인증부처는 전처럼 각각 받아오셔야 되오니 이점 양지하시기 바랍니다.

★ 전기안전인증은 KTL한국산업기술시험원 안정인증검사후 반출

★ 의류품질검사는 한국의류시험연구원에서 재질 및 품질검사 후 반출 . TEL 02)3668-3042.3062(품질안전인증부) ★ 안전검사기관은 한국생활환경시험연구원으로 문의 TEL:02-2102-2500

★ 공매조건인 수출조건은 수출면장 및 보세운송확인서 제출시에 세관직원입회하에 선적항구에서 수출이 가능

★ 낙찰잔금 납부 및 입찰조건 이행후, 바로 출고해주시기 바랍니다. 장기 미출고로 창고업무에 지장 초래시 입찰참가 제한 등 제재를 받을수 있으니 유의하시기 바랍니다.

★ 전기용품 및 생활용품안전관리법에 의한 표시사항

1. 종류 2.재질 3.특성 4.제조년,월,일 5.제조자명(수입자명) 6.주소 및 전화번호 7.제조국명 1. 입찰자 자격은 회원등록업체에 한하며, 특별법 적용을 받는 물품을 참가자격을 별도로 제한하나 외화판매 및 수출을 목적으로 할 경우에는 관리자에게 입찰참가 자격을 요청 할 수있습니다.

2. 잔금납부 기한내에 입찰잔금을 납부하지 아니하면 낙찰포기로 간주하여 낙찰보증금은 국고에 귀속합니다.

3. 입찰 및 낙찰의 무효에 관한 사항은 국가를 당사자로 하는 계약에 관한 법을 시행령 및 당 사업단 입찰자 유의사항에 의합니다.

4. 관계기관으로부터 부정당업자로 지정된자와 입찰물품 관련 피의자는 입찰참가를 제한합니다.

5. 기타 자세한 사항은 유통사업단에 문의하시기 바랍니다 Tel. 02-541-0321 / Fax. 02-517-6285

[뒤로] [물품목록가기] [입찰신청] [공매목록 프린트]

'입찰물품보기' 화면을 보면 공고번호가 나오고 그 아래에 해당하는 공매목록이 나온다.

공매목록을 보면 공매번호, 품목, 품명, 수량, 중량, 판매예정가, 상태, 공매조건이 보인다. 하나씩 개념을 짚어보자.

입/찰/물/품/보/기

▣ 공고번호 : 2020-41

(품명을 클릭하면 상세내역을 볼 수 있습니다)   전체 ▾

공매번호	품목	품명	수량	중량	판매예정가	상태	공매조건
1	화장품/패션잡화	GRANITE PRODUCTS C-black 화30T	31	0	3,685,960 원		대외우역법
2	화장품/패션잡화	CERAMIC TILE 300X300	1,080	27000	1,051,200 원		-
3	화장품/패션잡화	STONE PRODUCTS MARBLE	87	4900	273,380 원		-
4	화장품/패션잡화	GRANITE STONE 20 AND 30	212	7500	183,730 원		대외우역법전과

◀ 뒤로   ◀ 입찰신청   ▤ 공매목록 프린트

- **공매번호** : 국고공매에서 공매번호는 물건을 구분하는 순번 개념으로 체화공매의 공매번호와는 다르다.

- **품목** : 물건의 종류별로 구별해 놓은 것이다.

- **품명** : 간단히 말해서 물건의 이름이다.

- **수량** : 물건의 개수이다. 이때 주의할 것은 포장단위가 1개인 낱개를

수량1로 기재할 수도 있고, 제품이 여러 개 들어 있는 한 봉지를 수량 1로 기재할 수도 있다. 이것은 공람을 통해서 확인하도록 한다.

- **중량** : 통상 중량의 단위는 kg을 사용한다.

- **판매예정가** : 해당 공고의 '0차 판매가격'에서 공매가 진행될수록 10%씩 가격이 떨어진다. 예를 들면 0차 가격이 100만 원이면, 1차 가격은 90만 원이고, 해당 공고의 공매 차수가 진행될수록 가격이 떨어진다. 즉, 5차 가격은 100만 원의 50%인 50만 원이 '판매예정가'가 되는 것이다.

- **상태** : '상태'란에서는 낙찰 여부를 알 수 있다. 낙찰이 안 되었다면 빈칸으로 되어 있고, 낙찰이 되면 '상태'란에 '낙찰'이라고 표시된다. 낙찰여부를 따로 검색하지 않아도 편리하게 확인할 수 있는 부분이다.

- **공매조건** : 공매를 통해 물건을 사기 위한 조건으로 통상 낙찰일로부터 1개월 이내에 이 공매조건을 풀어야 한다. '공매조건'란이 빈칸이면 공매조건이 없는 것으로 낙찰 후 잔금을 납부하여 물건을 가져가면 된다.

- **스크롤바** : 화면에서 우측에 '스크롤바'가 있다면 그것을 아래로 내려 공매목록을 확인할 수 있다. 다음은 '스크롤바'를 맨 아래로 내렸을 때 화면이다. 아래에 숨겨져 있던 공매목록을 볼 수가 있다. 그 중 공매번호 10번인 '가상 화폐 채굴기'를 클릭해 보겠다.

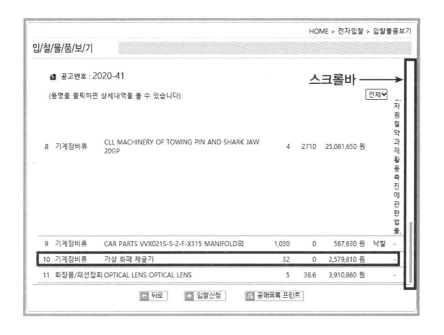

다음과 같이 공매번호 10번인 '가상 화폐 채굴기'의 '입찰물건상세'
화면이 나타난다. 클릭한 공매물건의 '입찰물건상세' 화면을 살펴보면
상단에 '가상 화폐 채굴기'라고 품명이 기재되어있다. 공매번호(10), 수
량(32), 유통사업단에서 공매물건을 관리에 사용하는 물건 관리번호
(040-19-S-910237), 보관장소(사업단인천창고)와 연락처(032-572-
4319), 판매예정 가(2,579,810원 <=0차 판매가격 4,299,680원의 4차수이
므로 40% 저감) 등이 나와있다. 입찰제한 내용에는 성명이 기재되어 있
어 개인정보 보호 차원에서 가림 처리하였다. 공 매조건은 공매조건란 이
나 특이사항란에 기재되며, 이 공매물건은 특이사항란에 '전파법' 으로
기재되어 있다. 인천창고 내 위치는 '25하'에 보관중인 것을 알 수 있다.

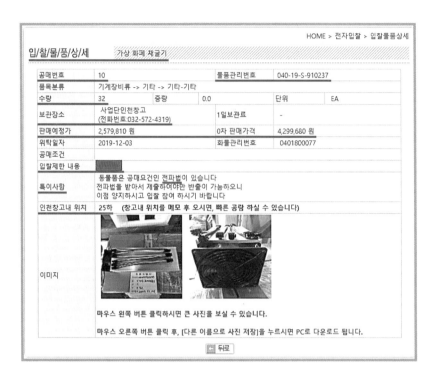

입/찰/물/품/상/세   가상 화폐 채굴기

공매번호	10			물품관리번호	040-19-S-910237	
품목분류	기계장비류 -> 기타 -> 기타-기타					
수량	32	중량	0.0		단위	EA
보관장소	사업단인천창고 (전화번호:032-572-4319)		1일보관료		-	
판매예정가	2,579,810 원		0차 판매가격		4,299,680 원	
위탁일자	2019-12-03		화물관리번호		0401800077	
공매조건						
입찰제한 내용						
특이사항	동물품은 공매요건인 전파법이 있습니다 전파법을 받아서 제출하여야만 반출이 가능하오니 이점 양지하시고 입찰 참여 하시기 바랍니다					
인천창고내 위치	25하 (창고내 위치를 메모 후 오시면, 빠른 공람 하실 수 있습니다)					

이미지

마우스 왼쪽 버튼 클릭하시면 큰 사진을 보실 수 있습니다.

마우스 오른쪽 버튼 클릭 후, [다른 이름으로 사진 저장]을 누르시면 PC로 다운로드 됩니다.

뒤로

'입찰물건상세' 화면의 하단에 공매물건의 이미지가 나와 있다. 그러나 물건의 이미지가 잘 나와 있어도 직접 보관창고에 가서 물건의 수량이 맞는지 파손된 것은 있는지 등을 확인할 필요가 있다. 이는 세관공매의 경우 낙찰 후 물건 수량 및 상태 등에 대해서 이의를 제기할 수 없기 때문이다.

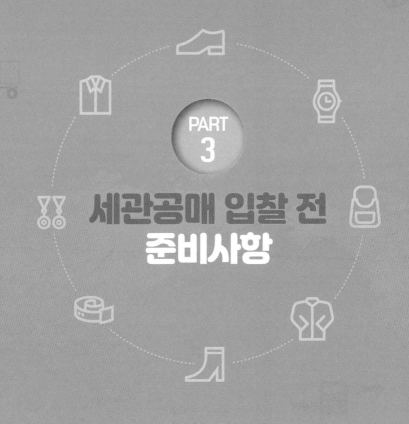

PART
3

세관공매 입찰 전
준비사항

1. 사업자등록증 만들기

　세관공매 입찰 전 기본은 사업자등록증 만들기이다. 체화공매가 되었든 국고공매가 되었든 사업자등록을 하면 보다 편리하다. 다만 체화공매의 경우 규제완화 차원에서 기존 사업자만이 낙찰을 받을 수 있었던 것들을 개인들도 낙찰받을 수 있도록 제도를 변경하였다. 따라서 개인이나 사업자나 똑같은 조건으로 낙찰받을 수 있다. 특별한 조건이 있는 경우(주류, 먹는 샘물, 약품, 식품 등)에는 관련된 허가증을 구비해야 한다. 반면, 국고공매는 반드시 사업자가 있어야만 입찰이 가능하다.

　사업자등록증 만드는 방법을 방문해서 신청하는 방법과 인터넷으로 신청하는 방법 두 가지로 설명하겠다. 방문 신청하거나 인터넷으로 신청하는 방식 중 본인에게 맞는 방식으로 만들면 되겠다.

1.1. 세무서에서 사업자등록증 신청하기(방문신청)

사업자등록증은 어디 가서 만드나?

사업자등록증은 세무서를 방문하여 신청할 수 있다. 가장 빨리 사업자등록증을 받는 방법은 사업장으로 사용할 소재지의 관할 세무서에서 방문하여 신청하는 것이다.

사업자등록증을 만드는 데 필요한 준비물

원칙적으로 본인 소유의 등기부등본 또는 임차인으로서 임대인과 맺은 임대차계약서가 있어야 사업자등록증을 만들 수 있지만, 세관공매를 위한 사업자등록증은 일반 전자상거래 사업자등록증도 무방하다. 따라서 가장 간단하게 만드는 방법은 본인의 집을 사업장으로 해서 전자상거래 사업자등록증을 만드는 것이다. 필요한 준비물은 신분증만 있으면 된다. 주민등록증이나 운전면허증을 가지고 가면 간단히 만들 수 있다.

사업자등록증 신청하기

사업장 관할 세무서 민원실에 가면 사업자등록신청서가 있다. 다음과 같이 기재해서 신분증과 함께 사업자등록 담당 공무원에게 제출하면 된다. 제출하면 10분도 안되어서 사업자등록증이 나온다.

■ 부가가치세법 시행규칙 [별지 제3호서식] <개정 2012.2.28>　　　　홈택스(www.hometax.go.kr)에서도 신청할 수 있습니다.

사업자등록신청서(개인사업자용)
(법인이 아닌 단체의 고유번호 신청서)

※ 귀하의 사업자등록 신청내용은 영구히 관리되며, 납세성실도를 검증하는 기초자료로 활용됩니다.
　아래 해당 사항을 사실대로 작성하시기 바라며, 신청서에 본인이 자필로 서명하여 주시기 바랍니다.
※ [ ]에는 해당되는 곳에 √표를 합니다. (앞쪽)

접수번호		처리기간	3일(보정기간은 불산입)

1. 인적사항

상 호(단 체 명)	알에듀	전 화 번 호	(사 업 장) 7794-2300
성 명(대 표 자)	설춘환		(자 택) 000-0000
			(휴대전화) 010-00-0000
주민등록번호	720111-	FAX번 호	02-000-0000
사업장(단 체) 소재지	서울 용산구		

2. 사업장 현황

업 종	주업태	소매	주종목	전자상거래	주업종 코드	개업일	종업원 수
	부업태		부종목		부업종 코드		

사이버몰 명칭		사이버몰 도메인	

사업장구분	자가면적	타가면적	사업장을 빌려준 사람 (임 대 인)			임대차 명세		
			성 명 (법인명)	사업자 등록번호	주민(법인) 등록번호	임대차 계약기간	(전세) 보증금	월 세
	m²	m²				~ · · ·	원	원

허가 등 사업 여부	[ ]신고 　[ ]등록 [ ]허가 　[ ]해당없음	주류면허	면허번호	면허신청 [ ]여 　[ ]부
개별소비세 해당 여부	[ ]제조 　[ ]판매 　[ ]입장 　[ ]유흥			

사 업 자 등 록 증
(간이과세자)

등록번호 : 109-15-█████

상 호 : ████
성 명 : 배███   생 년 월 일 : ████████
개업 년월일 : 2014 년
사업장소재지 : 서울특별시 강서구 우현로 ████████

사업의 종류 : [업태] 소매   [종목] 전자상거래

교 부 사 유 : 신규
공 동 사 업 자 :

사업자단위과세 적용사업자 여부 : 여( ) 부(V)
전자세금계산서 전용메일주소 :

2014 년 10 월 20 일

████ 세 무 서 장

위와 같이 사업자등록의 종목을 '전자상거래'로 하면, 반드시 세트로
'통신판매업 신고'를 해야 한다.

통신판매업 신고하기(방문신청)

사업자등록증이 나오면 끝인가? 아니다. 인터넷 쇼핑몰 사업자는 별도로 통신판매업 신고를 해야 한다. 신고는 관할 구청 지역경제과에 가서 통신판매업 신고서를 작성해서 제출하면 된다(이베이나 11번가 등에서 구매 안전서비스 이용 확인증을 받아 함께 제출할 것).

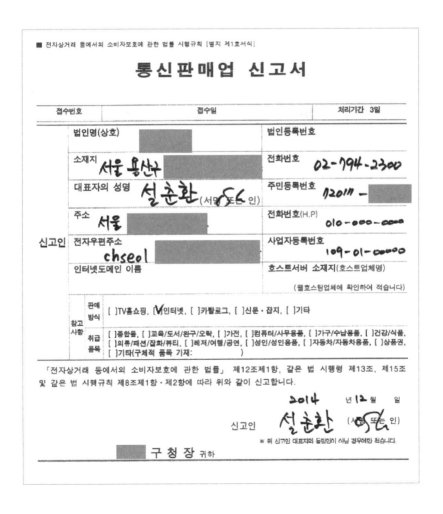

구매안전서비스 이용 확인증 받기

구매안전서비스 이용 확인증을 받아서 다시 구청 지역경제과에 제출해야 한다. 그래서 (주)이베이코리아에서 구매안전서비스 이용 확인증을 받아 구청에 제출했다. 구매안전서비스 이용 확인증을 팩스로 송부해도 되지만, 나중에 통신판매업신고증을 받으러 구청에 어차피 한 번은 다시 가야 한다.

구매안전서비스 이용 확인증

발행번호 제 G2014-9090 호

1. 상호 :
2. 소재지 : 서울
3. 대표자 :
4. 사업자 등록번호 : 109-

아래의 사업자(또는 단체)는 위의 사업자가 「전자상거래 등에서의 소비자보호에 관한 법률」 제13조 제2항 제10호에 따른 결제대금예치 또는 법 제24조 제1항 각 호에 따른 소비자피해보상보험계약 등을 체결하였음을 다음과 같이 확인합니다.

1. 서비스 제공자 :(주)이베이코리아
2. 서비스 이용기간 : 2014 - 10 - 31 - 판매회원자격정지시
3. 서비스 제공조건 : 당사의 구매안전서비스는 당사가 운영하는 G마켓(www.gmarket.co.kr)과 옥션(www.auction.co.kr)을 통하여 이루어진 전자상거래에 한하여 제공되며, 판매회원이 이용약관에 근거하여 탈퇴하거나 이용정지의 제재를 받은 경우에는 더 이상 제공되지 않습니다.
4. 서비스 등록번호 :결제내급예치업 02-006-00008
5. 서비스 이용확인 연락처 : 1566-5707

★ 주의사항

1. 본 확인증은 당사가 운영하는 오픈마켓인G마켓(www.gmarket.co.kr) 및 옥션(www.auction.co.kr)에서통신판매업 자기 통신판매업을 영위하기 위하여 '전자상거래 등에서의 소비자보호에 관한 법률' 제12조제1항에 따라 유관기관에 통신판매 신고를 하는 경우에 제출하여야 하는 소비자 보호를 위한 결제대금예치 또는 소비자피해보상보험계약 등의 체결에 대한 증빙서류로 사용하도록 발급하는 것으로, 신고인 또는 제3자가 운영하는 사이버몰의 운영을 위한 통신판매업 신고용이나 기타 다른 용도로는 사용될 수 없습니다.

2. 본 확인증을 위 3항에서 정한 서비스 제공조건과 달리 사용하거나 사실과 달리 표시·광고 또는 고지하는 경우에는'전자상거래 등에서의 소비자보호에 관한 법률' 등 관련법률에 따라 처벌받을 수 있습니다.

3. 본 확인증은 발행일에 한해 유효하며, 방행변호가 없거나 당사의 인감이 날인되지 않은 확인증은 무효입니다.

2014년 10월 21일

주식회사 이베이코리아

제 2014-서울강서-1022 호

처리부서명	지역경제과
담당자명	노진주
전화번호	2600-6475

통신판매업신고증

상　　　호 : 춘현██

소　재　지 : 서울특별시 강서구 우현로 ████████████

대표자(성명) : 배██

생년월일(남·여) : 1974년 ██월 ██일 (여)

「전자상거래등에서의소비자보호에관한법률」 제12조제1항, 같은 법 시행령 제13조제3항 및 같은 법 시행규칙 제8조제3항에 따라 통신판매업을 신고하였음을 증명합니다.

2014년 10월 21일

강 서 구 청 장

　사업자등록증을 신청하고 통신판매업을 신고하는 절차를 간략히 정리하면 다음과 같다.

사업자등록 신청 절차

신분증을 지참하여
사업장 관할 세무서 민원실 방문

사업자등록신청서 작성 및 제출

사업자등록증 발급

종목을 '전자상거래'로 할 시 반드시 통신판매업신고

통신판매업신고서 작성 및 제출 – 관할 구청 지역경제과

오픈마켓 중 한 곳에서 받은 구매안전서비스 이용확인증 제출

통신판매업신고증 발급

1.2. 국세청 홈택스에서 사업자등록증 신청하기(인터넷)

사업자등록증 발급 방법

이번 장에서는 국세청 홈택스 사이트에서 사업자등록증(개인) 신청 및 발급 방법을 알아보도록 한다. 참고로 사업자등록 완료 후 사업자등록증을 발급받아 은행에 가서 사업자 통장을 개설한 후 해당 은행 사이트(인터넷)에서 사업자 통장에 대한 공인인증서(사업자)를 발급받을 수 있다.

사업자등록 신청 준비사항 : 사업장으로 사용할 장소의 임대차계약서 스캔본(사업장을 임차한 경우), 공인인증서(개인)

사업자등록 신청 절차

국세청 홈택스 www.hometax.go.kr

네이버에서 국세청 홈택스를 검색하여 국세청 홈택스 홈페이지 로그인 화면으로 이동한다. 사업자등록을 위해서 공인인증서로 로그인 한다.

다음 화면에서 '사업자등록 신청/정정 등'을 클릭하여 신청화면으로 이동하여 사업자 관련 사항을 정확히 기재한다.

    첨부사항은 임대차계약서 사본(사업장을 임차한 경우에 한함) 등의 서류를 해당시 첨부한다.

    최종확인 후 확인란에 체크하여 신청서 제출하기를 눌러 제출을 완료한다. 제출 완료 후 3일 이내에 사업자등록이 완료된다.

    사업자등록 절차가 완료된 후 국세청 홈택스에서 다음과 같은 사업자등록증을 출력할 수 있다.

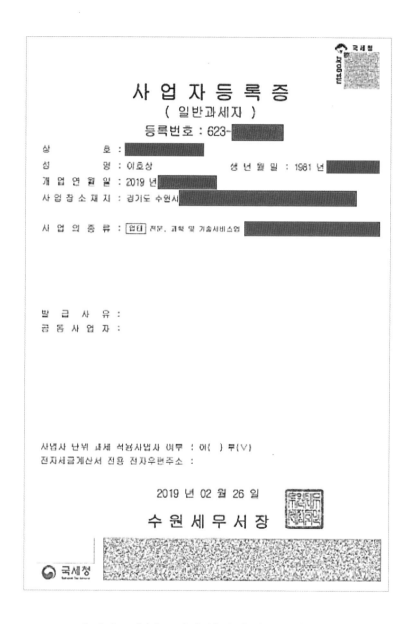

사 업 자 등 록 증
(일반과세자)
등록번호 : 623-

상 호 :

성 명 : 이호상 생 년 월 일 : 1981 년

개 업 연 월 일 : 2019 년

사 업 장 소 재 지 : 경기도 수원시

사 업 의 종 류 : 업태 전문, 과학 및 기술서비스업

발 급 사 유 :

공 동 사 업 자 :

사업자 단위 과세 적용사업자 여부 : 여( ) 부(∨)
전자세금계산서 전용 전자우편주소 :

2019 년 02 월 26 일
수 원 세 무 서 장

국세청
National Tax Service

- 국고공매 사이트인 '유통사업단' 가입 시 제출할 목적으로 '정부
24'에서 '사업자등록증명'을 발급받는다.

2. 사업자등록증 가지고 공인인증서 발급받기

은행에 사업자등록증과 대표자의 신분증을 가지고 가서 기업뱅킹서비스를 등록하면 은행에서 기업뱅킹서비스 고객등록정보를 준다. 해당 은행 사이트에서 공인인증서를 발급받으면 된다(인터넷 발급).

또한 다음과 같이 방문하여 신청할 수도 있다. 필자 중 한 명은 신한 은행에 직접 가서 기업공인인증서를 신청했다(방문신청).

이 공인인증서는 유니패스 사이트에 가입할 때 등록해야 한다.

▶신한은행 메인페이지

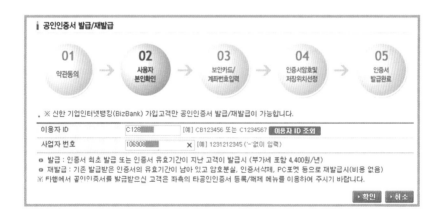

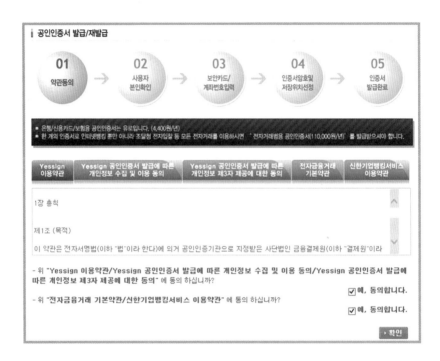

이제 공인인증서 발급을 마쳤다. 통상 공인인증서는 본인이 자주 사용하는 컴퓨터 하드디스크나 USB 등 사용하기 편한 곳에 저장해두었다가 나중에 사용하면 된다.

2.1. 전자입찰 가능한 공인인증서

공인인증서를 사용하여 어떤 업무를 처리할 것인지, 어떤 웹 서비스를 사용할 것인지 등을 결정한다. 유니패스에 가입할 때에도 아래의 전자입찰이 가능한 공인인증서로 등록을 해야 한다.

공인인증서는 아래 5개의 기관에서 발급하는 인증서만 이용 가능하며, 보편적으로 많이 사용하는 은행에서 발급받은 인터넷뱅킹용 공인인증서(4400원)도 사용 가능하다(단, 전자세금계산서 전용은 불가하다).

1. **한국전자인증 (www.crosscert.com)** :
   사용자범용인증서, 전자무역용인증서

2. **한국무역정보통신 (www.tradesign.net)** :
   법인/전자거래용, 법인/전자무역용

3. **한국정보인증 (www.signgate.com)** :
   범용/사업자용, 용도제한용/관세청통관포털

4. **금융결제원 (www.yessign.or.kr)** :
   법인/범용, 법인/(은행|신용카드|보험용)

5. **한국증권전산 (www.signkorea.com)** :
   전자거래범용

＊출처 : 관세청 유니패스

2.2. 공인인증서 발급시 필요 서류(방문발급시)

개인사업자가 직접 신청하는 경우

- 공인인증서비스 신청서 1부
- 사업자등록증 사본 1부
- 개인사업자 신분증 사본 1부

법인대표자가 직접 신청하는 경우

- 공인인증서비스 신청서 1부
- 사업자등록증 사본 1부
- 법인인감증명서 원본 1부
- 대표자 신분증 사본 1부

대리인이 신청하는 경우

- 공인인증서비스 신청서 1부
- 사업자등록증 사본 1부
- 법인인감증명서 1부
- 위임장(공인인증서비스 신청서 양식 내) 1부
- 대리인 신분증 사본 1부

*출처 : 관세청 유니패스

작성된 공인인증서 발급서류를 공인인증기관에 제출하고, 신청자의 신원을 확인하기 위해 대면 확인을 하여야 한다. 공인인증서 발급비용은 공인인증 기관에 따라 납부방법이 다를 수 있으므로 공인인증기관 홈페이지에서 납부 방법을 확인한다. 이후 공인인증서를 발급받으면 된다.

PART
4

세관공매 공람하기

1. 공람

1.1. 공람의 정의

부동산을 살 때 가장 중요한 것이 부동산의 현장 분석 즉, '임장'이다. 마찬가지로 세관공매에서 가장 중요한 부분이 바로 창고에 가서 물건을 '공람'하는 것이다.

부동산 경매라면 대법원경매정보사이트나 유료정보 사이트인 태인, 굿옥션 등에 경매물건이 100% 노출되고 언급이 되는데, 세관공매 물건에 관한 정보는 정확하게 정리되어 있는 사이트가 없다. 유니패스 사이트나 대한민국상이군경회 유통사업단 사이트도 마찬가지로 물건에 대한 디테일이나 제대로 된 사진 등이 많지 않다.

지난 2014년 11월까지만 하더라도 인천공항세관의 체화창고(인천국제공항 지하에 있는 여행자 휴대품, 술 보관 창고)에서 사진을 찍고 그 사진을 다른 곳에서 사용하지 않기로 하는 서약서를 쓰면 사진 촬영이 가능했는데, 지금은 사진 촬영이 불가하다. 인천공항세관의 경우 지난 2020년 2월까지만 해도 화주의 개인정보 부분만 촬영하지 않으면 공매물건의 사진 촬영이 가능하였으나 2020년 8월부터는 사진 촬영이 불가하다. 이것은 각 세관의 재량인 듯하다. 다른 세관도 사진 촬영 불가로 변경될 수도 있고, 인천공항세관도 다시 사진촬영 가능한 것으로 변경될 수도 있으니 공람 문의할 때 사진촬영 가능여부를 확인하길 바란다. 본 책에서는 수입화물의 경우 사진촬영이 가능한 것을 전제로 설명하였다.

차후에는 이러한 문제점의 대안으로 유니패스 사이트에 다양한 사진을 많이 업데이트하면 어떨까? 현재는 이 사이트에 물건당 사진이 한 장 정도 있거나 없는 것이 대부분이다. 이것은 '창고에 직접 와서 물건을 직접 보고 입찰에 참여하라'는 의미가 내포되어 있다고 한다. 틀린 말은 아닌 듯하다. 꼭 현장에 가봐야 하고 순발력 있게 언제 가느냐도 상당히 중요하다. 그러나 혼자서 순발력 있게 많은 보세창고를 다니기가 쉽지 않다. 그러기에 입찰여부를 결정하기 위한 공람을 하는 데 선택과 집중이 필요하다.

1.2. 공람 전 준비할 사항

공람을 하기 전에 우선 세관공매 창고 공람과 관련된 부분을 자세히 알아보자.

체화공매 - 수입화물

체화공매 물건은 각기 다른 보세구역(보세창고)에 보관되어 있는데 '공매 매각 공고' 첨부파일에 보관장소가 표시되어 있다.

화물관리번호	B/L번호	보세구역명	포장수량	포장중량(KG)	수량단위	공매번호	품명	HS부호	제세총액(원)	공매예정가격(원)	제세총액(원)	공매조건	반입일자	전자입찰여부
17KMTCPA03i-3004-0001	SZPHWI1706075	한진인천컨테이너터미널(주)	222	4,853.90	PC	020-19-04-900001-1	TUBE LIGHT BATTENS	9405.99-9000	7,278,001	개인 및 사업자	1,151,730	대외무역법	2017-07-08	N
18SHiF8125i-0756-0001	SHLSHA180202 39	한진인천컨테이너터미널(주)	120	4,126.00	M	020-19-04-900006-1	FABRIC	5515.99-9000	50,537,193	사업자	8,770,910		2018-02-18	N

＊출처 : 인천세관 2019년 제4차 매각공고 중에서 공매목록 일부 발췌

매각 공고 첨부파일 공고문 말미에 보면 통상 각 보세구역의 전화번호와 주소가 표기되어 있다.

인천세관 보세구역 장치장 목록

순번	보세구역부호	장치장명	전화번호(032)	소재지 주소
1	02002017	인천세관 제1지정장치장	772-6009	인천광역시 중구 인중로 201 (항동7가)
2	02002079	인천세관 제2지정장치장	888-2815,6	인천광역시 중구 서해대로 339 (항동7가)

체화공매 물건을 보러 보세창고에 갈 때에는 '공매번호, B/L번호 또는 화물관리번호'를 알고 가야 물건 찾기가 수월하다. 물건을 창고 직원이 찾아서 보여주거나, 공매물건을 한곳에 모아두고 창고직원 관리 하에 공람온 사람이 찾도록 하기도 한다.

보세창고는 입찰에 관심 있는 누구나 갈 수 있지만, 보통 주말은 쉰다. 요즘 창고공람 시간을 제한하는 지정장치장이 증가하고 있다. 사전에 보세창고에 사전에 약속을 정하고 가는 것을 권한다. 이때 공람할 물건을 미리 말하고 가면 짧은 시간 내에 효율적으로 확인할 수 있다. 대부분의 보세창고는 방문하기 하루 전에 미리 약속을 하고 가면 되지만, DHL과 페덱스같은 경우에는 1주일 전에 약속을 정하고 가야 한다.

가령, 인천세관 제2지정장치장의 공람은 수요일 오후 2~4시까지만 가능하나, 오후 2시까지 공람하러 오라고 한다. 인천공항세관 지정장치장도 이제는 오후에만 공람이 가능하다. 또 변경될 수 있으므로 사전에 예약하는 습관을 가져 헛걸음하는 일이 없기를 바란다. 책을 집필하고 있는 이 시각에도 변경되고 있을 수도 있다.

공람 전 체크	• 공매번호, B/L번호 또는 화물관리번호 체크(공매목록 복사) • 신분증 지참 • 품명에 대한 공부
방문	1주일 전 전화로 약속 후, 지정된 일시에 방문
휴일	주말 및 공휴일
공람 가능 기간	대부분의 지정장치장은 공람시간을 일부 요일, 일부 시간으로만 제한
특징	• 체화창고(휴대품)-제품사진 촬영 통상금지(인천세관-불가, 김포공항세관-가능) • 지정장치장, 보세창고- 제품사진 촬영 가능

1.3. 주요 세관의 보세구역 공람하기

　여러 종류의 공매물건이 나오는 수도권 지역 주요 세관의 보세구역 공람하는 방법을 다루도록 하겠다. 중점적으로 설명할 보세구역은 인천공항세관의 보세구역이다. 이유는 입문자나 초보자가 접근하기 쉬운 여행객휴대품 등의 공매물건이 공매에 많이 나오기 때문이다.

　대중교통을 이용하여 공람하는 방법으로 설명하도록 하겠다. 자동차로 방문하는 것은 해당 보세구역의 주소를 알면 내비게이션에 주소를 입력하여 갈 수 있기 때문이다.

인천공항세관의 보세구역 공람

　인천공항세관 공매공고의 첨부 파일에 공매물건을 보관하고 있는 보세구역과 연락처를 알 수 있다. 여기서 공람하고자 하는 공매물건을 보관 중인 보세구역에 1주일 전에는 연락을 하여 방문 일정을 협의 또는 확인하도록 하자.

　다음은 인천공항세관 무료 셔틀버스 노선도 이다. 인천공항세관의 보세구역을 대중교통을 이용하여 방문하여 공람하는 방법을 설명할 때 노선도의 행선지명과 정거장 명칭이 자주 등장할 것이다. 참고하길 바란다.

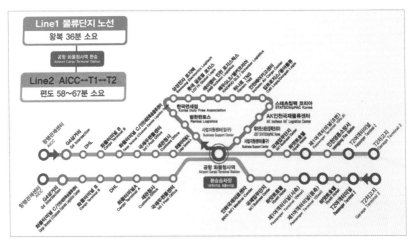

▶ 셔틀버스 운행경로 사진

인천공항세관 보세구역 DHL 공람

DHL에 보관된 공매물건을 공람하기 위해서는 우선 DHL에 공람 예약을 한다. 공람 당일 인천공항세관을 방문하여 임시 출입증을 수령 후 DHL에 방문하여 공람을 한다. 공람 완료 후 인천공항세관에 다시 가서 임시 출입증을 반납하면 DHL 공람이 끝난 것이다.

DHL 공람 절차를 간략히 나타내면 다음과 같다.

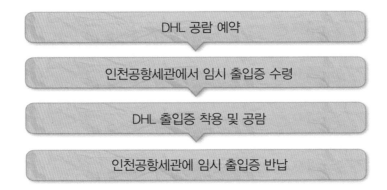

DHL 공람 예약

인천공항세관에서 임시 출입증 수령

DHL 출입증 착용 및 공람

인천공항세관에 임시 출입증 반납

자가용을 이용하는 사람은 내비게이션에 DHL 주소를 입력하고 찾아가면 되겠다.

- **DHL 주소** : 인천 중구 공항도로 295번길 124, TEL. 032-744-7455

DHL에 대중교통을 이용하여 가는 방법과 공람 절차를 상세하게 설명하도록 하겠다.

공항철도 '공항 화물청사역'에 하차하여 1번 출구로 나와 걷는 방향 좌측에 셔틀버스 타는 곳이 바로 보인다. AICC행 셔틀버스를 타고 이동할 수 있으며 요금은 무료이다.

세관청사 정거장에서 하차하여 인천공항세관(인천본부세관) 수출입통관과로 가서 '개인정보 수집 및 이용 동의서' 작성 후 '임시 출입증'을 수령하도록 한다. 이때 신분증을 제시해야 하므로 주민등록증은 항상 소지하고 다니도록 한다

▶셔틀버스 AICC행 정류장 → 인천공항세관

▶ 개인정보 수집 및 이용 동의서

개인정보 수집 및 이용 동의서
<기관대여 임시출입증 발급용>

본인은 2019. 10 . 15 . 부터 2019. 10 . 15 . 까지 인천세관으로부터
기관대여 임시출입증을 발급받기 위해 출입증 발급 및 처리를 위한 목적으로
수집되는 개인정보(이름, 어린번호, 생년월일, 회사명 등 출입증 발급신청서
상의 필수입력 항목)에 대해 동의하였으며, 담당자로부터 출입증과 관련
하여 수집되는 개인정보에 대해 동의를 거부할 권리가 있으며 동의 거부 시에
는 출입증발급 신청이 제한됨을 안내받은 사실이 있습니다.

2 0 1 9 년 10 월 15 일

소속:

서약자(출입자): 이호상

연락처: 010-

ㅁㅁ관장 귀하

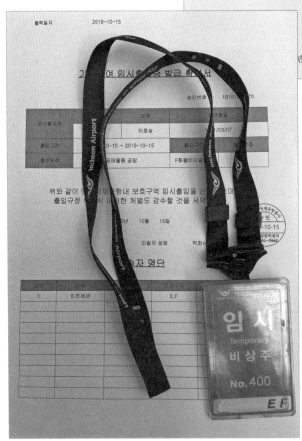

출력일자   2019-10-15

기관대여 임시출입증 발급 확인서

승인번호   19101   70

임시출입자	성명	생년월일
	이호상	/03/07
출입기간	0-15 ~ 2019-10-15	출입구역
출입목적	공품물품 공항	F화물터미널

위와 같이 인 국제공항내 보호구역 임시출입을 신 하였으며
출입규정 시 이러한 처벌도 감수할 것을 서약

9년   10월   15일

인솔자 성명   박화인

자 명단

순번	소속	허가구역
1	인천세관	E,F

▶ '기관대여 임시출입증 발급 확인서'와 '임시 출입증' 수령

셔틀버스 AICC행에 승차하여 'DHL'정거장 하차 후 바로 보이는 DHL 건물을 지나 뒤편의 DHL 건물로 들어간다. 세관 '임시 출입증'과 주민등록증을 제시한 후 '보세창고출입자(통합) 관리대장'을 작성하고 'DHL 출입증'과 형광 안전조끼를 받아 착용한 후 DHL 직원 동행 하에 공람을 할 수 있다. 원활한 공람을 위해서 공매물건의 사진촬영이 가능한지 물어보고 촬영하도록 한다.

▶DHL 건물(공람하는 건물)

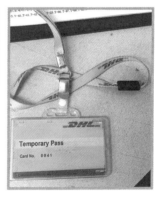
▶DHL 출입증

▶창고

▶공람 사진

　　DHL에서 공람한 후 'DHL 출입증'과 형광 안전조끼를 반납한다. 소지품을 챙긴 후 셔틀버스 '여객터미널행'을 이용하여 인천공항세관으로 가서 '임시 출입증'을 반납한다. 이제 DHL 공람 절차가 모두 끝났다.

　　공항철도 '공항 화물청사역'으로 이동하기 위해서는 셔틀버스 여객터미널행을 타고 '공항 화물청사역' 정거장에서 하차하면 된다.

　　공람시에 확인한 공매물건의 상세 사양을 바탕으로 인터넷에 검색하여 판매가격 등을 확인하도록 한다. 그 후 입찰여부와 입찰가격을 결정하면 되겠다.

인천공항세관 지정장치장(특송물류센터) 공람

인천공항세관의 지정장치장(특송물류센터)의 경우 2019년 10월 확인한 결과 입찰 전 매주 월요일과 수요일 오후 1~4시까지 공람이 가능하다. 공람일시가 변경될 수 있으므로 방문예정일 1주 전에는 공람일시를 해당 보세구역에 전화하여 확인하도록 한다. 지정장치장(특송물류센터)은 인천공항세관을 들르지 않아도 된다. 즉, 세관에서 임시 출입증 없이 본인의 주민등록증을 가지고 있으면 공람일시에 맞추어 공람이 가능하다.

지정장치장(특송물류센터) 공람 절차를 간략히 나타내면 다음과 같다.

> 지정장치장(특송물류센터) 출입대장작성 및 임시 출입증 수령

> 공매물건이 위치한 곳으로 이동

> 공람대장작성 및 공람

> 임시 출입증 반납 및 신분증 수령

자가용을 이용하는 사람은 내비게이션에 아래 주소를 입력하고 찾아가면 되겠다.

• 지정장치장(특송물류센터) 주소 : 인천 중구 공항도로 295번길 41-42
TEL. 032-744-6497

지정장치장(특송물류센터)에 대중교통을 이용하여 가는 방법과 공람 절차를 상세하게 설명하도록 하겠다.

공항철도 '공항 화물청사역'에 하차하여 1번 출구로 나와 걷는 방향 좌측에 셔틀버스 타는 곳이 바로 보인다. AICC행 셔틀버스를 타고 이동할 수 있으며 요금은 무료이다(인천공항세관과 DHL로 이동시 탔던 셔틀버스와 동일한 버스이다).

'화물터미널 C / 인천세관특송물류센터' 정거장에서 하차하여 셔틀버스 진행방향으로 약 5분 걸어가서 지정장치장(특송물류센터)으로 들어간다. 3번 게이트로 들어가면 전방에 출입대장을 작성하는 출입구가 보인다. 이곳에서 출입대장을 작성하고 지정장치장(특송물류센터) 직원에게 신분증을 맡기고 지정장치장 '임시 출입증'을 수령한다. 출입증을 착용한 후 공매물건이 있는 곳으로 이동한다.

▶지정장치장(특송물류센터) = 인천본부세관 특송물류센터

▶지정장치장(특송물류센터) 출입구

▶임시 출입증

　　공매물건이 있는 장소에서 '공매화물 열람대장'을 작성하고 직원 관리 하에 공람을 진행한다. 공매물건의 사진촬영이 가능하나 직원에게 물어보고 사진촬영을 하도록 한다.

▶공람 사진

공매물건을 보고나서 1층의 출입대장 작성한 곳으로 이동하여 '임시 출입증'을 반납하고 주민등록증을 수령하면 지정장치장(특송물류센터)에서의 공람이 끝난 것이다.

공항철도 '공항 화물청사역'으로 이동하기 위해서는 셔틀버스 여객터미널행을 타고 '공항 화물청사역' 정기장에서 하차하면 된다.

인천공항세관 여행자 휴대품 및 주류 공람 T1, T2체화창고

공람을 위해서 사전에 공매물건을 보관 중인 창고에 미리 연락하여 공람가능 일시를 확인해야 한다. 공람가능 일시가 변경될 수 있으므로 공람 일주일 전에는 연락을 하여 공람 일시를 확인하자.

공람 일시를 확인 후 공람 당일 절차에 대해서 알아보자. 대중교통으로 이동하는 방법을 알아보겠다. 자가용으로 이동하는 것은 내비게이션에 주소를 입력하면 찾아갈 수 있기 때문이다.

인천공항세관의 여행자 휴대품 및 주류의 공람순서는 간략히 나타내면 다음과 같다.

> 공항철도 '인천공항 1터미널'역 하차

> '(T1)체화창고'로 이동 및 공람

> ' (T2)체화창고'로 이동 및 공람

＊(T2)체화창고에는 공매물건이 있는 경우도 있고, 없는 경우도 있다. 공매목록에서 확인 가능하다. 공매물건이 보관되어 있는 창고로 공람을 가면 된다.

인천공항세관 여행자 휴대품 및 주류 매각물품의 공람 장소

(T1)인천공항세관 유치장치장 = (T1)체화창고

제1여객터미널에 위치함.

주소 : 인천 중구 공항로 271(운서동)

가는 길 : 공항철도 '인천공항 1터미널'역 지하1층 12게이트 방향 (T1)체화창고

연락처 : 032-740-4135

(T2)인천공항세관 유치장치장 = (T2)체화창고

제2여객터미널에 위치함.

주소 : 인천 중구 제2터미널대로 446(운서동)

가는 길 : 공항철도 '인천공항 2터미널'역 지하1층 서편 (T2)체화창고

연락처 : 032-740-4257

세관공매 물건이 많이 나오며, 입문 및 초보자가 입찰에 참여하기 쉬운 인천공항세관으로 공람방법을 상세히 설명하도록 하겠다.

여행자 휴대품 및 주류 공람하기

'공항철도 '인천공항 1터미널'역 ➡ '(T1)체화창고'로 이동

공항철도 '인천공항 1터미널'역에서 내려 지하1층 12게이트 방향으로 걸어가면 '(T1)체화창고'가 나온다. (T1)체화창고의 초인종을 누르고 들어가 신분증 제시 및 '보세구역 임시출입자 관리대장' 작성 후 직원동행 하에 공람을 진행하면 된다. 창고직원이 공람할 물건을 지정된 책상에 가져다 놓기도 한다.

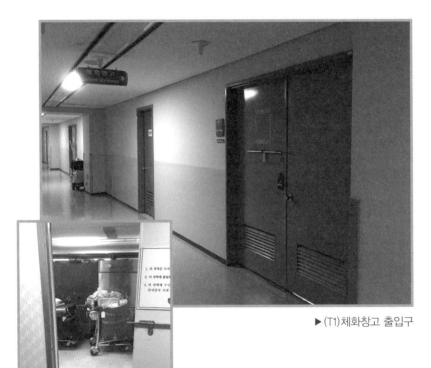

▶ (T1)체화창고 출입구

▶ (T1)체화창고 내부

'(T1)체화창고 ➡ (T2)체화창고'로 이동

제1여객터미널(3층)에서 '제2여객터미널행' 순환버스에 승차하여 제2여객터미널에서 하차한다.

제2여객터미널 건물 지하1층에 '(T2)체화창고'가 위치해 있다. 신분증 제시 및 출입대장 작성 후 직원 동행 하에 공람을 하면 된다.

▶ (T2)체화창고(인천본부세관 휴대품통관 장소)

▶ (T2)체화창고 출입대장 작성하는 곳

▶ (T2)체화창고 내부

19년 9차

주류 공매 예정

▶ 공람물건

이상으로 인천공항세관의 주류 및 여행자 휴대품의 공람을 완료하였다. 이제는 인터넷에서 공매물건의 시세를 확인하여 입찰여부를 결정하면 되겠다.

참고로 T2에서 T1으로 가려면 제2여객터미널 3층 5번 출구 순환버스(무료셔틀버스)를 이용(약23분 소요)하여 이동 가능하다. 승하차 위치가 변경될 수 있으니 이용시 확인하여 혼동이 없길 바란다.

인천세관 보세구역

인천본부세관에 낙찰 전 전파법 등을 풀기 위하여 샘플 반출 가능여부를 문의했다.

답변은 낙찰 전에는 샘플 반출이 불가하며, 낙찰 후 공매조건을 이행하기 위해서 해당 세관에서 반출서 작성 후 샘플 반출이 가능하다. 공매조건이 있는 경우에는 낙찰 후 잔금을 납부하더라도 해당 조건을 충족시켜야지만 물건 전체 반출이 가능하기 때문에 공매조건을 이행할 수 있도록 샘플 반출을 허용하는 것이다.

물건의 하자 등에 따른 이의제기가 불가하기 때문에 입찰 전 공람은 필수이다.

입찰하고자 하는 공매물건이 보관된 보세구역에 연락하여 공람 일시를 정하고 방문하도록 한다.

준비물로는 신분증은 필수이며, 공매목록을 출력하거나 공매할 물건의 B/L번호, 공매번호, 품명, 수량을 적어가거나, 공매목록을 출력해서 공람시 가지고 간다.

그 외 칼, 박스테이프, 필기구 등은 선택사항이나 가져가길 권한다. 공람시 본인이 직접 칼로 박스포장을 뜯고 다시 붙여야 한다. 또, 박스에 먼지나 이물질이 묻어 있을 수 있으니 장갑이 필요하다.

입구 경비실에서 출입대장 작성 후 주민등록증 제출 후 출입증을 수령한다. 해당 창고에 가서 담당자 동행 하에 공매물건을 보면 된다. 창고 사진은 함부로 찍어서는 안되며, 공람물건 사진 촬영 전 촬영가능여부 문의 후 촬영하면 된다. 낙찰 건을 제외하고 공매물건은 촬영 가능하다. 나올 때 출입증을 반납하고 주민등록증을 받으면 공람 절차가 끝난 것이다. 위의 사항은 보세구역 공통사항이다. 다음은 인천세관의 보세구역을 대중교통으로 가는 방법과 공람 사진이다.

인천세관 제1지정장치장

인천세관 제1지정장치장. 인천광역시 중구 인중로 201(항동7가)
TEL.032-772-6009

대중교통으로 가는 방법은 수인선 '신포역' 2번출구로 나와서 직진하고, 신호등 건너자마자 좌회전하면 주차장 바로 옆에 위치해 있다(주변 : 인천세관 제1지정장치장 바로 옆 철길, 인천항 제1부두 출입문 존재함).

▶ 인천세관 제1지정장치장(제1세관검사장)

▶ 인천세관 제1지정장치장 공람사진

인천세관 제2지정장치장

인천세관 제2지정장치장. 인천광역시 중구 서해대로 339(항동7가)
TEL. 032-888-2815

인천세관과 인천세관 제2지정장치장은 1호선 제물포역 앞에서 33번
버스를 타고 조달청비축기지 정거장(약14분) 하차 후 버스 진행 반대
방향으로 약3분 정도만 걸어가면 나온다. 인천세관과 인천세관 제2지정
장치장은 바로 옆에 위치해 있다.

▶ 인천세관 제2지정장치장 및 방문증

▶ 공람 물건

김포공항세관의 보세구역

　매각물품의 공람일시 및 장소는 공매 하루 전(수요일 오전 10시 ~ 11시 30분) 공람이 가능하다. 공매일정 및 공람일시가 변경될 수 있으니, 해당 보세구역에 연락하여 원활한 공람이 진행될 수 있도록 방문 전에 담당자와 통화하길 바란다. 수입화물 및 휴대품의 해당 보세창고는 공매공고 시 첨부된 '입찰조건 및 유의사항' 중에 보세구역별 연락처를 참고하도록 한다.

　김포공항세관의 보세구역은 김포공항세관과 같은 건물에 위치해 있으므로 김포공항세관 가는 방법으로 보세구역 찾아가는 방법을 설명하겠다.

김포공항역에서 김포공항세관 가는 방법은 김포공항(국내선) 건물 앞에서 공항순환버스(여객＋화물청사행) 또는 일반버스(3, 12, 50, 50-1번 버스)를 이용하여 김포세관 아시아나격납고 정류장에서 하차하면 도보 1분 이내에 김포공항세관 건물이 위치해 있다.

세관검사장(지정장치장)

세관검사장(지정장치장). 서울 강서구 하늘길 210(공항동 1373번지)
TEL. 02-2666-8557

▶ 김포공항세관과 보세구역

▶ 공람 사진

서울세관 보세구역

　입찰하고자 하는 공매물건이 보관된 보세구역에 연락하여 공람 일시를 정하고 방문해야 한다.

삼덕보세창고

삼덕보세창고. 서울시 성동구 아차산로 67.　TEL. 02-498-0141

▶ 서울세관 삼덕보세창고 출입구와 건물

▶ 공람 사진

선수물류보세창고

(주)선수물류보세창고. 서울시 성동구 둘레 19길 13, TEL. 02-464-0095

▶ 선수물류보세창고

▶ 공람 사진

대한민국상이군경회 유통사업단

세관위탁물건 판매장 및 유통사업단

– 영업시간 : 월요일 ∼ 금요일 오전 9시 ∼ 오후 6시(토,일 공휴일 휴무)

* 유통사업단

– 주소 : 서울특별시 강남구 학동로 4길 15, 210호

– 유통사업단과 세관위탁물건 판매장은 같은 건물 같은 2층에 있다.

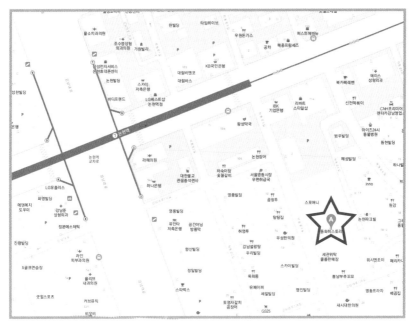

* 지하철이용

– 7호선 '논현역 하차' 2번 출구 → 좌측 골목으로 이동 후

연세세브란스 병원에서 우측편 동화히스토리상가 2층(도보 3분 거리)

▶ 유통사업단과 세관위탁물품 판매장이 위치한 건물

▶ 유통사업단 사무실 입구

▶ 세관위탁물품 판매장

■ 유통사업단 공람(논현동 사무실 보관 물건)

유통사업단의 공매물건 중 일부는 논현동 사무실에서 공람신청 후 공람하는 경우가 있다. 다이아몬드같은 경우 통상 유통사업단 논현동 사무실에서 보관하고 공람을 진행한다.

공 람 신 청 서

2019년   월   일

업 체 명	대 표 자	생년월일 (사업자등록번호)	전 화 번 호	비 고
초▨▨	이호용	(␣␣)▨▨	010-▨▨	

물품관리번호	품 명	창고위치	비 고
04019S907981	다이아몬드(1.05ct)	당사업단	

대한민국상이군경회 유통사업단

▶ 공람신청서–다이아몬드 공람신청서

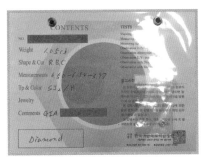

▶ 유통사업단 공매물건–다이아몬드 공람 사진(유통사업단 사무실)

▶ 세관위탁물품 판매장 판매 물건 사진

인천창고(대한민국상이군경회 유통사업단) 공람

- 지번 : 인천시 동구 만석동 2-355번지 / 도로명 : 인천시 동구 보세로 57
- 인천창고 TEL : 032-572-4319 Fax : 032-573-4319

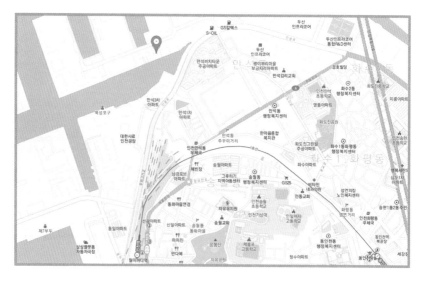

■ **창고공람시간** : 월요일 ~금요일 (오전 9시 ~ 오후 4시)

＊점심시간 : 12~1시 (토,일 공휴일 휴무)

- 창고 일정에 의해 변경될 수 있으니 공람 전 연락하여 확인한다.

- 반출은 예약제로 운영하고 있으니 미리 창고로 연락하여 일정을 잡아야 한다.

■ **가는 길**

- 인천역 (차이나타운) 정류장 15번 버스 승차 → 만석부두 정류장 하차 → 유통사업단까지 493m (도보 7분) 이동

＊소요시간 : 약16분

- 동인천역 정류장 15번 버스 승차 → 만석부두 정류장 하차 → 유통사업단까지 493m 도보 이동

＊소요시간 : 약26분

▶ 유통사업단 인천창고

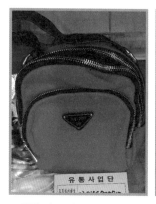 

▶ 공람 및 물건 사진

김해창고(대한민국상이군경회 유통사업단)

세관위탁물건 판매장 및 유통사업단

- 주소 : 김해시 유하동 698-5번지

  (삼거리에 입구가 있습니다 : (구)영신금속 자리)

- 김해창고 TEL: 055-335-1657   Fax: 055-335-1658

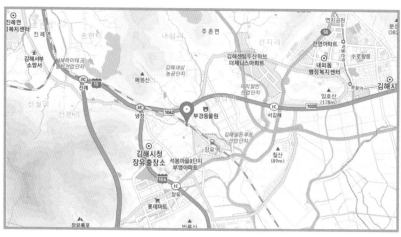

＊반드시 공람 전 연락 후 방문하도록 한다.

PART
5

세관공매
입찰하기

1. 일반입찰

1.1. 체화공매

인천공항세관에서 입찰하기

체화공매의 해당 세관 방문입찰인 일반입찰을 물건 종류가 가장 다양한 인천공항세관에서 입찰하는 절차를 알아보도록 하겠다.

인천공항세관에서 입찰하려면 차로 이동해야 하는데 대중교통으로 이동경로를 설명하겠다. 자가용으로 이동하는 것은 요즘 내비게이션이 발달하여 주소를 입력하면 바로 찾아갈 수 있기 때문이다.

인천공항에 위치한 지정된 신한은행에 가서 보증금을 납부한 후 공매입찰보증금 납부서 일부를 수령한다. 그 후 인천공항세관의 지정된 입찰장으로 입찰 시간 전까지 간다. 입찰 시작 시간에 늦으면 원칙상 입실이 불가하다. 즉, 입찰을 하지 못한다. 세관에 따라 입찰방법 및 입찰 일시가 차이가 있을 수 있으므로 사전에 공매공고, 해당 세관의 공매담당자에게 연락하여 확인한다.

인천공항세관 일반 입찰 순서는 간략히 나타내면 다음과 같다

공항철도 '공항화물청사역'에서 셔틀버스를 타고
화물터미널 C동으로 이동

지정된 신한은행(UPS건물 2층)에 입찰보증금 납부

인천공항세관 공매 장소로 이동하여 입찰

인천공항세관의 입찰보증금 납부, 공매 장소의 각 주소는 다음과 같다.

– 입찰보증금 납부 장소 : 신한은행(화물터미널 C동 UPS건물 2층)

• 주소: 인천광역시 중구 공항동로 295번길 77–8

– 공매 장소 : 인천공항세관 수출입통관청사 2층 소회의실
(사정에 따라 변경될 수 있음)

• 주소 : 인천광역시 중구 공항동로 193번길 70. 2층
수출입통관총괄과

＊입찰시 제출서류

- 사업자로 입찰할 경우 : 사업자등록증 사본 1매(도장지참)

- 개인으로 입찰할 경우 : 주민등록증 사본 1매(도장지참)

- 대리입찰인 경우 : 인감증명서, 위임장(위임자 명의와 위임기간,
   사용인감을 명시한 것에 한함) 각 1매

- 법인직원이 공매응찰을 위임받은 경우 재직증명서 1매.

- 기타 자격증 및 면허증이 필요한 경우에만 제출
   (예 : 의약품 수입자 확인증, 주류수입업면허증 등)

＊공통 제출서류

- 입찰보증금 납부영수증 입찰건당 1매
   (화물터미널 B동 UPS건물 2층 신한은행에서 교부)

- 입찰서 1매(우리세관 소정양식에 한함: 공매 당일, 공매 장소에서 교부)

- 입찰에 참여하는 자의 주민등록증 사본 1매(도장지참)

입찰 순서 및 입찰 방법을 자세히 설명하도록 하겠다.

공항철도 '공항화물청사역' 하차 1번 출구로 나와서 좌측 셔틀버스 AICC행을 타고, 화물터미널 C동에 하차한다(화물터미널 B동에서 하차 시 C동에서 하차하는 것보다 더 걸어야 함). 신한은행(UPS 건물 2층)에서 입찰보증금을 납부한다. 입찰보증금 납부서는 지정된 신한은행에서 입찰 당일 배부한다.

▶ AICC행 셔틀버스 정류장 ▶ UPS건물 신한은행(2층)

공매입찰보증금 납부서는 공매물건별로 작성한다. 다음 그림을 보면 공매입찰보증금 납부서 1장에는 3군데에 동일한 양식의 적는 곳이 보이는데 3군데에 동일한 내용을 적도록 한다. 즉, 입찰할 공매물건이 3개이면 공매입찰보증금 납부서를 3장을 작성해야 되는 것이다. 이때 보증금은 현금으로 납부하여야 하므로 미리 현금을 준비하자. 다음의 작성 예시를 참고 바란다.

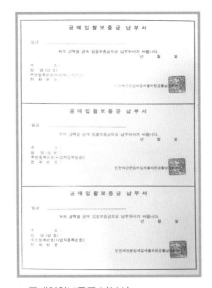 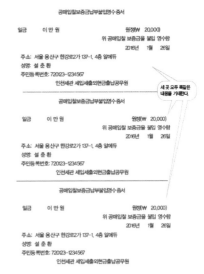

▶ 공매입찰보증금 납부서 ▶ 작성예시

공매입찰보증금 납부서(보증금 영수증)를 가지고 여객터미널행 셔틀버스를 타고 세관청사 정거장에서 하차하여 인천공항세관 공매 장소로 이동한다.

▶ 인천공항세관

▶ 공매 장소 안내표시

▶ 공매 장소(소회의실)

공매 장소로 들어가 입찰 시작할 때를 기다린다. 입찰 시간보다 미리 가있도록 한다. 정해진 입찰시작 시간에 1초라도 늦을 경우 입찰에 참여하지 못하게 될 수 있다.

▶ 공매 장소 내부 사진

입찰이 시작되면 세관 직원의 지시에 따라 신분증 및 공매입찰보증금 납부서를 보여준다. 입찰서를 수령하여 공매번호, 품명, 입찰금액 등을 명확히 기재하여 제출하면 입찰은 끝난 것이다.

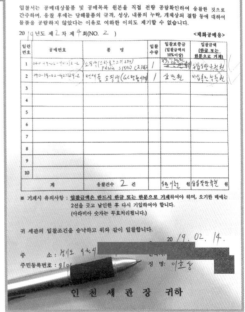

▶ 작성한 입찰서(인천공항세관)

인천공항세관 외 일반입찰 가능한 주요 세관

＊개인과 사업자가 입찰할 수 있고 공매물건이 비교적 많은 세관 위주로 위치 및 연락처를 기재하였다.

인천세관

– 주소 : 인천광역시 중구 서해대로 339
– 연락처 : 인천세관 인천항통관지원1과 032-452-3228

▶ 인천세관 건물　　　　　　　　　　　　▶ 인천세관 통관지원과

김포공항세관

– 주소 : (07505) 서울 강서구 하늘길 210(공항동 1373번지)
– 연락처 : 김포공항세관 통관지원과 02-6930-4917

▶ 김포공항세관　　　　　　　　　　　　▶ 김포공항세관 통관지원과

서울세관

- 주소 : 서울시 강남구 언주로 721
- 연락처 : 서울세관 통관지원과 02-510-1123

▶ 서울세관 입구

▶ 서울세관 전경

부산세관

- 주소 : 부산 중구 충장대로 20(중앙동 4가 17)
- 연락처 : 부산세관 통관지원과 051-620-6127(연결:1,1,4,공매담당)

▶ 부산세관

▶ 부산세관 통관지원과

2. 전자입찰

2.1. 체화공매 전자입찰

2.1.1. 관세청 유니패스 사이트 가입하기

유니패스 사이트 가입 전 준비사항

공인인증서(사업자로 가입할 경우 해당 사업자의 공인인증서 준비)

유니패스 가입절차

네이버 검색창에 '관세청 유니패스'를 입력후 검색결과를 클릭하여
사이트에 들어간다.

회원가입을 클릭하여 가입화면으로 넘어간다.

'사용자 등록'을 클릭하여 '약관동의 및 본인인증' 화면으로 약관 등을 읽어보고 '동의함'을 체크한다. 동의함을 체크해야 다음 단계로 갈 수 있다.

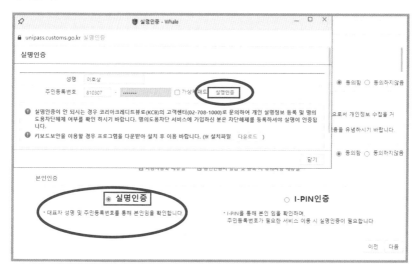

'실명인증'을 클릭하면 팝업창이 나타나는데 해당 칸에 본인의 성명, 주민등록번호를 입력 후 팝업창의 실명인증을 눌러준다.

'사업자등록번호확인' 화면에서 가입하고자 하는 업체상호와 사업자등록번호를 입력 후 다음 단계로 진행한다.

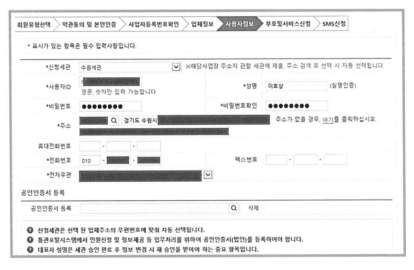

'업체정보' 입력 화면에서 해당 내용을 정확히 입력한 후 동의 체크

후 다음 단계로 넘어간다.

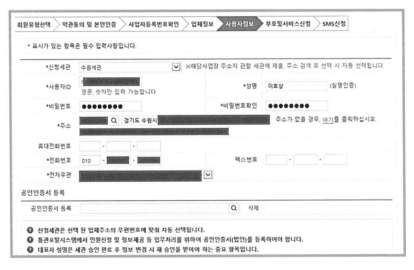

사용자 정보를 정확히 입력한다. 공인인증서는 유니패스 가입 후 등

록하도록 하겠다.

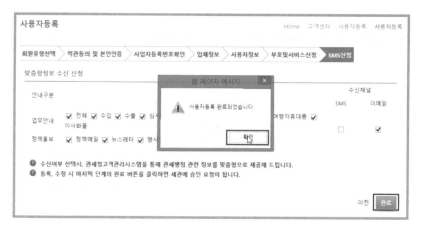

서비스 종류(세관승인필요)			서비스 종류(자동승인)		
신청	서비스	비고	신청	서비스	비고
☐	수출입통관		☐	정보조회(유통이력)	수출입신고필증, 유통이력신고
☐	관세환급		☐	증명서발급	수출입신고필증
☐	수출입화물		☐	요건신청(통관단일창구)	식품등의수입신고서, 요건 및 검역신청
			☐	납세자불복청구	AEO
			☑	전자입찰	

[서비스 선택 시 유의사항]
1. 서비스 종류(세관승인필요)는 세관 승인 완료 후 정보 변경으로 추가 시 재 승인을 받아야 하는 중요 항목입니다.
2. 수출입통관, 관세환급 등의 주요 서비스를 이용하기 위해서는 신고인부호에 해당하는 업체유형이 선택되어 있어야 합니다.
3. 서비스종류(세관승인필요)의 수출입통관, 관세환급 서비스를 이용시 업체유형은 무역업체,업체화주직접신고를 선택합니다.
4. 신고인부호를 신청하려면 통관고유부호가 발급되어 있어야 합니다.

'부호 및 서비스 신청' 화면 중하단에 서비스 종류를 선택하는 표가 있다. 우측의 '서비스 종류(자동승인)'의 '전자입찰'을 선택하면 별도로 세관에 방문 또는 전화할 필요 없이 자동으로 승인된다. 그리고 다음 단계로 넘어간다.

사용자등록의 마지막 단계인 'SMS신청' 화면에서 선택사항을 체크한 후 '완료' 버튼을 누르면 '사용자등록 완료되었습니다' 라는 팝업창 내용을 볼 수 있다. '확인'을 눌러 가입을 완료한다.

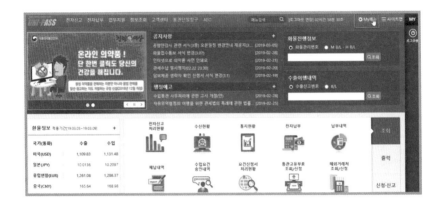

　로그인된 상태에서 상단의 'My메뉴'를 클릭하면 MY메뉴 화면이 나타난다. '공인인증서 등록'을 눌러 해당 사업자의 공인인증서를 등록하면 유니패스 전자입찰 준비가 완료된다.

　이제 공인인증서를 등록하도록 하겠다. 공인인증서까지 등록해야 유니패스 사이트에서 전자입찰이 가능하기 때문이다.

　등록할 공인인증서를 선택하고 인증서 암호를 입력한다.

공인인증서 등록까지 완료되었다. 이제 유니패스 사이트에서 전자입찰할 준비가 되었다.

물론 공매물건의 선정 및 공람의 과정은 별도로 준비해야 한다.

2.1.2. 관세청 유니패스에서 입찰하기

유니패스는 세관공매에서 체화공매 전자입찰 사이트이다.

입찰절차

유니패스 사이트에 접속하여 '공인인증서 로그인'을 체크한 후 로그인 한다. 공인인증서로 로그인을 해야 전자입찰이 가능하다.

'업무지원' 화면에서 '체화공매'의 '공매물건조회'를 클릭하여 공매
물건을 확인한다.

'공매 물건 조회' 화면에서 물건 구분에서 수입화물 또는 휴대품을
선택하여 조회 버튼을 클릭하면 휴대품 공매 물건 목록이 나타난다. 이
중에서 입찰하기 원하는 품목의 물건명을 클릭하면 해당 물건의 상세정
보를 확인할 수 있다.

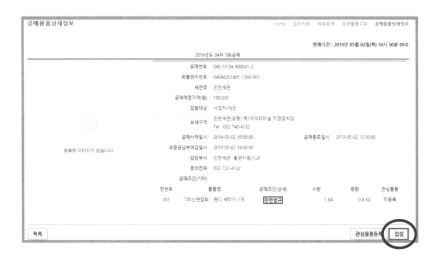

입찰유의사항

01. 이 유의서는 각 세관에서 행하는 장치기간경과물품 전자입찰(이하"체화공매전자입찰"라 한다)에 참가하고자 하는 자가 사전에 유의하고 준수하여야 할 사항을 정함을 목적으로 합니다.

02. 체화공매전자입찰에 참여하고자 하는 자는「인터넷통관포탈서비스 이용에 관한 고시」에 의거 "인터넷통관포탈"(이하 "통관포탈"이라한다)의 이용신청을 하고 제규정을 준수하여야 합니다.

03. "통관포탈"은 인터넷으로 수출입신고 등 민원업무처리 및 정보서비스를 받기 위하여 unipass.customs.go.kr로 접속하게 되는 인터넷 사이트를 말합니다.

04. 입찰참여 자격
▸ 통관포탈서비스를 이용하여 체화공매전자입찰에 참여하고자 하는 자는 통관포탈서비스 이용신청을 완료하고 인증서를 통한 신원확인 검증 후에 입찰참여가 가능합니다.
▸ 통관포탈서비스 이용을 하고자 하는 자는 통관포탈(unipass.customs.go.kr) 에 접속하여 통관포탈서비스 이용신청내역을 입력하고 인터넷통관포탈서비스 이용신청서를 출력하여, 대표자의 직인을 날인한 후, 다음 각 호의 구비서류를 첨부하여 사업장을 관할하는 세관장에게 신청인이 직접 제출하여 승인을 받아야 합니다.(개인의 경우는 통관포탈서비스 이용신청 내역을 입력하고 개인인증 내역을 등록하는 것으로 승인을 받은 것으로 간주합니다.)
1). 공공기관인 경우 사업자등록증 사본
2). 법인사업자인 경우 법인등기부 등본
3). 개인사업자인 경우 사업자등록증 사본 및 대표자의 신분증 사본
4). 기타 위임 등에 의한 경우는 「인터넷통관포탈서비스 이용에 관한 고시」에서 규정하고 있는 서류
▸ 공고별, 공매대상별, 공매번호별 입찰조건에 따라 입찰참여 자격을 별도로 제한할 수 있습니다.
▸ 입찰 및 낙찰의 무효에 관한 사항은「국가를당사자로하는계약에관한법률시행령」및「국가를당사자로하 는계약에관한법률시행규칙」등 관계규정에 의하며, 각 세관에서 제시한 입찰자 유의사항 및 입찰참여 자격 을 승인한 자에 한하여 입찰참여 자격을 허용합니다.

05. 통관포탈시스템 또는 체화공매전자입찰시스템의 장애 등 특별한 사정이 있는 경우에는 정정공고 등을 통해 별도의 시간을 정할 수 있습니다.

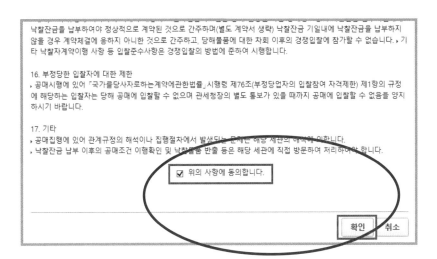

낙찰잔금을 납부하여야 정상적으로 계약된 것으로 간주하며(별도 계약서 생략) 낙찰잔금 기일내에 낙찰잔금을 납부하지 않을 경우 계약체결에 응하지 아니한 것으로 간주하고, 당해물품에 대한 차회 이후의 경쟁입찰에 참가할 수 없습니다. ▸ 기타 낙찰자계약이행 사항 등 입찰준수사항은 경쟁입찰의 방법에 준하여 시행합니다.

16. 부정당한 입찰자에 대한 제한
▸ 공매시행에 있어 「국가를당사자로하는계약에관한법률」시행령 제76조(부정당업자의 입찰참여 자격제한) 제1항의 규정에 해당하는 입찰자는 당해 공매에 입찰할 수 없으며 관세청장의 별도 통보가 있을 때까지 공매에 입찰할 수 없음을 양지하시기 바랍니다.

17. 기타
▸ 공매집행에 있어 관계규정의 해석이나 집행절차에서 발생되는 문제는 해당 세관의 해석에 의합니다.
▸ 낙찰잔금 납부 이후의 공매조건 이행확인 및 낙찰물품 반출 등은 해당 세관에 직접 방문하여 처리하여야 합니다.

☑ 위의 사항에 동의합니다.

확인   취소

공매물건 정보를 확인한 후 입찰 버튼을 누르면 '입찰자 유의사항'이 나오며, 내용을 읽어본 후 하단의 '위의 사항에 동의합니다'를 체크 후 동의 버튼을 눌러 다음 단계로 진행한다. 여기서 '위의 사항에 동의합니다'를 체크하지 않으면 다음 단계로 넘어갈 수 없다.

'공매조건확인(기업)' 팝업창이 나나타며 내용을 읽어본 후 확인 버튼을 눌러 다음 단계로 진행한다.

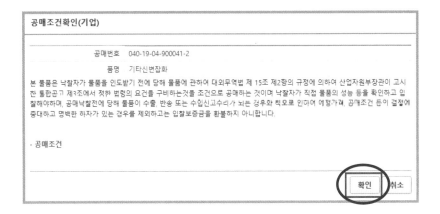

공매조건확인(기업)

공매번호   040-19-04-900041-2
품명   기타신변잡화

본 물품은 낙찰자가 물품을 인도받기 전에 당해 물품에 관하여 대외무역법 제 15조 제2항의 규정에 의하여 산업자원부장관이 고시한 통합공고 제3조에서 정한 법령의 요건을 구비하는것을 조건으로 공매하는 것이며 낙찰자가 직접 물품의 성능 등을 확인하고 입찰해야하며, 공매낙찰전에 당해 물품이 수출, 반송 또는 수입신고수리가 되는 경우와 착오로 인하여 예정가격, 공매조건 등이 결정에 중대하고 명백한 하자가 있는 경우를 제외하고는 입찰보증금을 환불하지 아니합니다.

· 공매조건

확인   취소

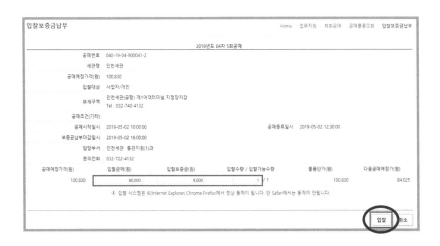

'입찰보증금납부' 화면에서 입찰금액을 입력하면 자동으로 입찰금액
의 10%로 입찰보증금이 입력된다. 물론 입찰보증금은 수정 가능하다. 입
찰수량을 기재 후 입찰 버튼을 누르면 보증금 납부 팝업창이 나타난다.

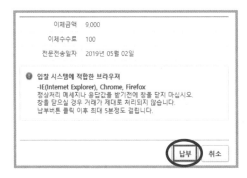

납부 버튼을 눌러 보증금 결제를 완료하면 '입찰보증금납부' 화면이
다시 나타나며 이때 '입찰' 버튼을 눌러 입찰을 마무리한다.

입찰내역조회에서 입찰서 제출이 완료되었음을 확인할 수 있다.

2.2. 국고공매 전자입찰

2.2.1. 대한민국상이군경회 유통사업단 사이트 가입하기

세관공매 중에서 국고공매를 진행하는 사이트인 '유통사업단'에 가입 및 인증번호를 부여받는 방법을 알아보겠다. 인증번호는 '유통사업단' 사이트에서 전자입찰을 할 때 기재해야 하는 중요한 번호로 타인에게 노출되지 않도록 주의하길 바란다.

유통사업단 홈페이지 https://www.utongshop.or.kr

'유통사업단' 사이트에 접속한다. 전자입찰에 참여하기 위해서는 기업회원으로 가입해야 한다. 개인회원으로 가입 시 세관위탁물건 구매는 가능하나 전자입찰 참여는 불가능하다.

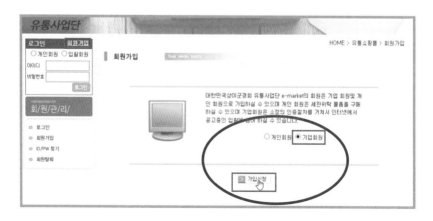

가입할 사업자 정보를 입력한 후 실명확인 버튼을 눌렀을 때 사업자 번호, 회사명, 대표자명이 다르다는 메시지가 나타나면 나이스신용평가 정보㈜에 팩스나 이메일로 사업자등록증을 송부한다. 이메일로 송부시 원활한 진행을 위해 나이스신용평가정보㈜에 연락하여 사업자등록증을 수령했는지 확인하기 바란다. 사업자등록증을 송부하고 나이스신용평 가정보㈜에서 처리하는 시간이 필요하기 때문에 30분에서 1시간이 지 난 후에 다시 실명확인을 진행한다. 실명확인이 되면 회원약관이 나오 며 읽어보고 하단에 '위의 '회원약관, 유의사항 및 동의서약 및 개인정

보보호를 위한 이용자 동의 사항'에 동의합니다' 부분을 체크한 후 가입

신청 버튼을 눌러 회원정보 입력화면으로 넘어간다.

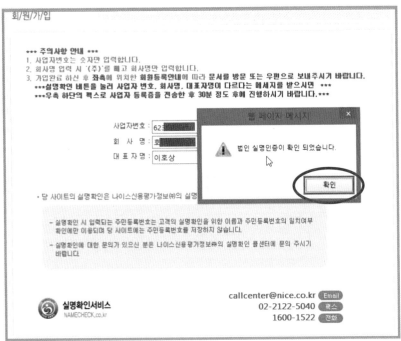

해당 사항을 정확히 기재 후 가입신청 버튼을 누르면 정상적으로

가입되었다는 내용의 팝업창이 나타난다. 유통사업단 사이트에 가입

되었다.

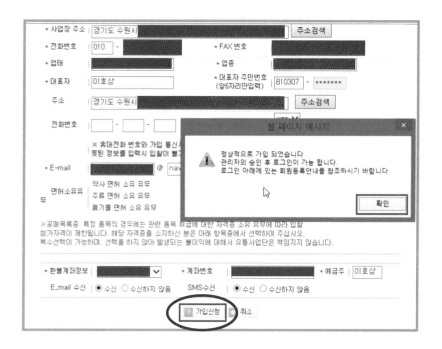

유통사업단에 구비 서류를 제출한다. 회원 가입 후 하단의 구비서류
는 방문 또는 우편발송만 가능하다. 인증번호 발급은 본인 직접 수령 또
는 팩스, 전화, 우편, E-mail 등을 통한 회원 인증번호 수령이 가능하다.

- 모든 서류 제출시 생년월일만 기재(주민등록번호 사용 안함)
- 전자입찰 회원가입시 사업자등록증명원을 제출해야 한다(사업자등록
  증X).
- 팩스를 통한 서류제출은 받지 않으니 이점 유의한다(자격서류 예외).

대표자 본인 방문시

- 사업자등록증명원 1부

- 자격서류(해당자만, 하단 자격서류 부분 참고) 사본 1부

- 신분증

자격서류

1. 일반물건 : 사업자등록증명원(각항 공통)

2. 약사법대상 : 약사자격증, 의사자격증, 의약품제조업체, 의료용구제조 업체, 의료용구수입업체 중 해당 자격증

3. 농수산물 : 영업신고증

4. 유해물질 : 유독물 취급허가증

5. 주류 : 주류판매업허가증

6. 유류 : 유류판매업허가증

7. 기타 자격서류

＊위의 '2~7'번 관련 서류는 해당시에만 제출한다.

- 출처 : 대한민국상이군경회 유통사업단

인증번호 획득

사업자등록증명원을 제출 후 처리가 완료되면 인증번호를 가입시 기재한 핸드폰 문자, 이메일로 알려주는 것을 확인할 수 있다.

– 인증번호 문자 수신

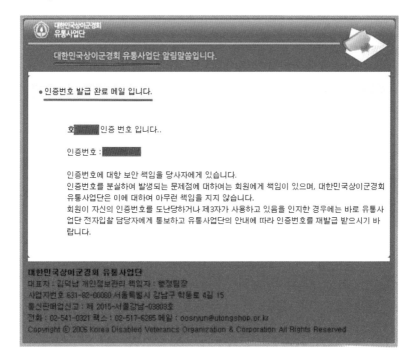

– 인증번호 이메일 수신

유통사업단 가입 및 인증번호까지 수령하였다. 이제 유통사업단 사
이트에서 전자입찰에 참여할 수 있다.

2.2.2. 대한민국상이군경회 유통사업단에서 입찰하기

대한민국상이군경회 유통사업단 사이트에서 전자입찰하기 위하여 입찰회원 로그인 후 입찰공고를 검색한다.

'입찰공고'에서 입찰하고자 하는 공고를 클릭하고 다음 화면 하단의 '물건목록가기'를 눌러 해당 공고의 공매목록으로 넘어간다.

'물건목록가기' 버튼

입/찰/신/청

입절님은 시간 :　2 시간 43 분 11 초　남았습니다

【공고번호 : 2019-11-2】　　　　　(품명을 클릭하면 성세내역을 볼 수 있습니다)

공매번호	품명	수량	중량	판매예정가	선택	공매조건
2	T-SHIRTS T-SHIRTS	66,000	5,498	13,562,420 원	□	-
3	T-SHIRTS T-SHIRTS	26,000	2,306	5,877,010 원	□	-
5	Power supply	35	0	275,160 원	□	전기용품안전관리법, 전피법,
6	Antminer L3?+	35	0	5,503,140 원	□	전기용품안전관리법, 전피법,
7	Antminer A3 815G	13	0	1,430,820 원	□	전기용품안전관리법, 전피법,
9	중고 후방모니터	1	0	2,000 원	□	전기용품안전관리법, 전피법,
11	가방	21	0	150,980 원	☑	-
12	신발	120	0	267,440 원	□	-
13	신발	339	0	889,230 원	□	-
14	신발	600	0	1,338,750 원	□	-
15	신발	650	0	1,447,900 원	□	-
16	USED HIBRID CAR(MERCEDES BENZ S400) WDDNG9F85AA297962 SALVAGE CAR(Y)	1	1,814	5,994,510 원	□	자동차관리법, 대기환경보전업, 소음진동규계업
17	중고 낚시용품	275	0	10,732,450 원	□	-
18	CAM SWITCH	0	170	1,420,500 원	□	-

입찰신청

해당 물건을 선택 후 하단의 '입찰신청' 버튼을 클릭한다. 입찰하고자 하는 물건을 모두 선택하고 입찰신청을 해야 한다. 입찰완료 후에는 당일에 추가 입찰이 불가하다. 입찰완료 후 당일에 추가 입찰하고자 하면 '이미 참여하신 입찰입니다'라고 화면 하단에 안내 글이 나오며 추가 입찰이 불가하다. 주의를 요하는 사항이다.

입찰남은 시간 : 1 시간 54 분 53 초 남았습니다

[공고번호 : 2019-11-2]   (품명을 클릭하면 상세내역을 볼 수 있습니다)

공매번호	품명	수량	중량	판매예정가	선택	공매조건
2	T-SHIRTS T-SHIRTS	66,000	5,438	13,582,420 원	☐	-
3	T-SHIRTS T-SHIRTS	25,000	2,306	5,877,010 원	☐	-
5	Power supply	35	0	275,160 원	☐	전기용품안전관리법, 전파법,
6	Antiminer L3+	35	0	5,503,140 원	☐	전기용품안전관리법, 전파법,
7	Antiminer A3 8155	13	0	1,430,820 원	☐	전기용품안전관리법, 전파법,
9	중고 후방모니터	1	0	2,000 원	☐	전기용품안전관리법, 전파법,
11	가방	21	0	150,980 원	☐	-
12	신발	120	0	267,440 원	☐	-
13	신발	399	0	889,230 원	☐	-
14	신발	600	0	1,336,750 원	☐	-
15	신발	650	0	1,447,900 원	☐	-
16	USED HIBRID CAR(MERCEDES BENZ S400) WDDNG9FB5AA297962 SALVAGE CAR(Y)	1	1,814	5,994,510 원	☐	자동차관리법, 대기환경보전법, 소음진동규제법
17	중고 낚시용품	275	0	10,792,490 원	☐	-
18	CAM SWITCH	0	170	1,420,500 원	☐	-

미미 참여하신 명딜 입니다.

다시 이어서 입찰절차에 대해서 설명하겠다. 하단의 '입찰신청'을 누르면 '입찰자 유의사항에 동의하십니까?'라는 내용이 적힌 팝업창이 나타나며, 이때 '확인' 버튼을 눌러야만 입찰에 참여 가능하다. 미동의시 입찰 참여가 불가능하다.

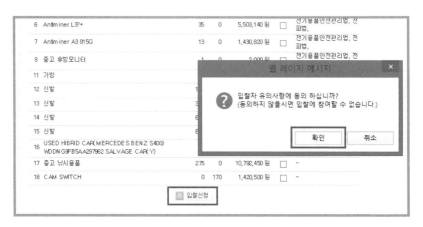

'입찰서작성' 화면에서 입찰금액과 입찰보증금을 기재 후 동의 체크, 가입할 때 부여받은 인증번호 기재 후 '입찰서작성완료' 버튼을 눌러 다음 단계로 넘어간다.

입/찰/신/청

▶ **2019-11-2 입찰내역** (입찰주문번호 : 2019050300000021)

공매번호	품명	입찰가	보증금
11	가방	135,000 원	13,500 원
	계 :	135,000 원	13,500 원

보증금 입금 계좌	우리은행 / (273-375424-18-354)	보증금 입금 기한	2019-05-03 오후 2:00:00
예금주	대한민국상이군경회 유통사업단	입금 하실 보증금액	**13,500 원**

※ 입찰 참여를 완료 하시려면 반드시 입찰서를 '제출'하셔야 합니다.

입찰서 제출 하기

보증금 납부 후 '입찰서 제출하기' 버튼을 누른다. 다음 화면에서 '입금확인' 버튼을 눌러 다음 단계로 넘어가 '입찰서 제출하기' 버튼을 클릭하여 입찰을 완료한다.

입/찰/서/제/출

공고번호	입찰주문번호	보증금	입찰서
2019-11-2	2019050300000021	입금확인	보증금 미입금

▲ 보증금 납입후 중앙에 있는 입금확인 를 눌러 주시기 바랍니다.

입/찰/서/제/출

공고번호	입찰주문번호	보증금	입찰서
2019-11-2	2019050300000021	2019-05-03 오전 11:58:16 입금완료	입찰서 제출 하기

▲ 보증금 납입후 우측에 있는 입찰서 제출 하기 를 눌러 주시기 바랍니다.

입/찰/서/제/출

공고번호	입찰주문번호	보증금	입찰서
2019-11-2	2019050300000021	2019-05-03 오전 11:58:16 입금완료	2019-05-03 오전 11:59:53 제출완료

3. 긴급공매

긴급공매는 아래와 같은 긴급한 사정이 있을 때 세관장의 판단 하에 긴급하게 매각을 진행하는 공매다. 통상 공매가 1주일마다 공매일시을 잡는데 반해 긴급공매는 공매일시을 매일 또는 매시간마다 잡을 수 있다.

긴급공매로 매각이 진행되는 경우

1. 살아 있는 동식물

2. 부패하거나 부패할 우려가 있는 것

3. 창고나 다른 외국물건에 해를 끼칠 우려가 있는 것

4. 기간이 지나면 사용할 수 없게 되거나, 상품 가치가 현저히 떨어질 우려가 있는 것

5. 관세청장이 정하는 물건 중 화주가 요청하는 것

긴급공매로 진행되는 입찰 일정

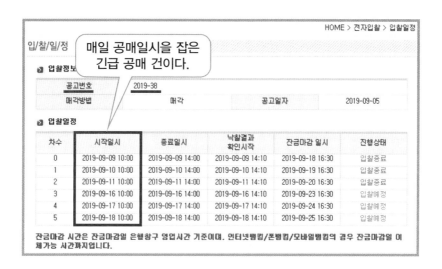

긴급공매 '2019-38'에서 공매 차수 2~3차수 사이에 기간이 하루가 넘는 것은 국가공휴일(추석연휴)로 인해 세관공매가 진행되지 않은 것이다. 그 외의 날에는 매일 공매가 진행되고 있었음을 위의 입찰일정을 보면 알 수 있다.

PART
6

세관공매
물건 낙찰 & 반출

1. 체화공매

1.1. 일반입찰 물건 낙찰 & 반출

인천공항세관에서 일반입찰(현장)한 결과는 입찰장에서 입찰종료 후 바로 세관직원이 개찰하여, 10~20분 정도 뒤면 낙찰여부를 알 수 있다.

인천공항세관의 여행자 휴대품 및 주류의 낙찰 확인 및 낙찰품 반출 순서는 간략히 나타내면 다음과 같다.

'인천공항세관' 입찰결과 확인 및 서류 작성

지정된 '신한은행'으로 이동 및 낙찰 잔금 납부
(보증금 납부한 곳, 화물터미널 C동 UPS건물 2층)

'인천공항세관'으로 다시 이동 및 반출서 수령

'(T1)체화창고'로 이동 및 낙찰품 반출

*여기서, '(T1)체화창고'로 이해를 돕기 위한 예시로 표시하였으며, '(T1)
체화창고' 이외의 보세구역에 보관된 공매물건은 해당 보세구역에 가
서 낙찰품을 찾으면 된다.

세관공매 물건이 많이 나오며, 입문 및 초보자가 접근하기 쉬운 인천
공항세관에서 낙찰여부 확인 및 낙찰품 반출하는 방법을 상세히 설명하
도록 하겠다. 여기서는 개인 자격으로 받을 수 있는 주류 및 여행자 휴
대품을 가장 많이 보관하는 (T1)체화창고로 낙찰품을 반출하는 것으로
설명하였으나, 낙찰품 반출은 해당 낙찰품이 보관된 보세구역(창고)에
서 반출하면 된다.

입찰 개찰 후 개인자격으로 입찰한 물건은 낙찰시 자가사용 서약서
작성 후 제출, 수의계약일 경우 수의계약서 작성 후 제출한다.

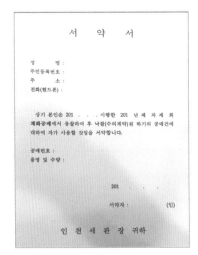
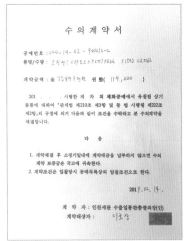

서류를 작성하여 입찰한 세관 공매담당자에게 제출하면 낙찰자는 입찰보증금 납부서를 제출(2/3장) 후 일부는 세관이 보관하고 일부를 다시 수령하며(1/3장), 정부보관금 납부고지서겸 영수증서를 받게 된다. 유찰(패찰)한 사람은 입찰보증금 납부서에 납부한 보증금을 받을 수 있도록 세관 공매담당자가 기재해 준다. 즉, 낙찰이든지 유찰(패찰)이든지 입찰하였으면 입찰이 끝난 후 다시 보증금을 납부한 곳으로 가야 한다. 낙찰자는 잔금을 납부하러 가고, 유찰(패찰)자는 납부한 보증금을 돌려받으러 가야 한다.

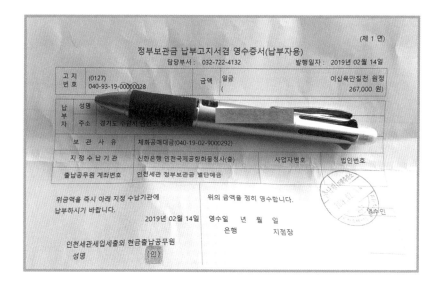

유찰(패찰)자는 보증금을 돌려받으면 끝이다. 낙찰자는 잔금 납부 후 은행에서 다음과 같이 정부보관금 납부고지서겸 영수증서에 도장을 찍고 납부자용은 돌려준다.

잔금 납부 후 은행의 도장이 찍힌 정부보관금 납부고지서겸 영수증서(납부자용)를 가지고 다시 인천공항세관 공매담당자에게 가서 공매물품반출신청(승인)서(일명:반출증)을 받아야 한다. 그래야 낙찰품을 보관하고 있는 창고로 가서 물건을 반출할 수 있다. 이때 보세구역(창고) 방문 전에 해당 창고에 연락하고 방문하도록 한다. 찾으러 가기 전에 미리 창고 측에 알려주는 것이며, 혹시 창고 측에서 불가피한 사정으로 당일 반출이 불가할 경우 헛걸음하는 수고를 덜 수 있다.

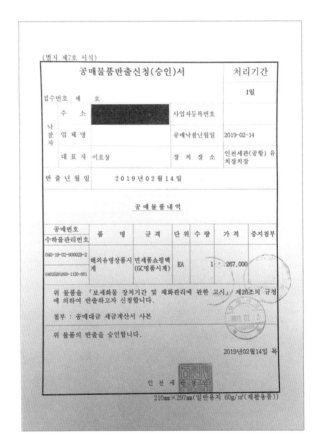

이제 낙찰품을 보관하고 있는 창고로 이동한다. 낙찰품이 (T1)체화 창고에 보관되어 있다면, (T1)체화창고로 가서 반출증을 보여주고 해당 낙찰품을 반출할 수 있다. 반출증은 해당 창고에서 보관하므로 자료로 남기고 싶다면 창고 방문 전에 사진촬영을 하든지 창고 측에 복사해 달라고 해야 한다. 낙찰된 물건의 반출까지 끝났다. 개인 자격으로 받았으면 자가사용을 하면 되고, 사업자로 받았다면 회사용품으로 사용할 수도 있고 판매하여 수익을 올릴 수도 있다.

누구나 손쉽게 세관공매에 입찰을 할 수 있다. 어려운 것이 아니라 생소한 것일 뿐이다.

원하는 공매물건이 있다면 공람 및 가격조사 후 입찰가격을 결정하여 시세보다 저가로 낙찰받는 기쁨을 누려보길 바란다.

1.2. 전자입찰 물건 낙찰 & 반출

입찰 종료 후 1시간 정도 뒤에 체화공매 전자입찰 사이트인 유니패스에서 입찰한 결과를 확인해 보자.

입찰시간 종료 후 넉넉잡고 1시간 내외면 낙찰여부를 확인할 수 있다. 수의계약으로 입찰하여 낙찰시 처리상태가 수의계약으로 표시된다. 해당 회차의 공매가격 이상으로 입찰시에는 낙찰로 처리상태가 표시된다.

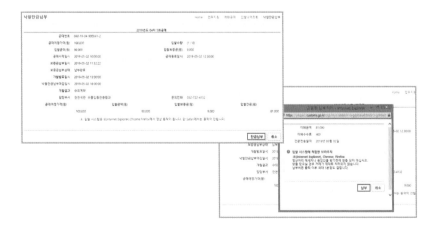

낙찰잔금납부 화면에서 잔금납부 버튼을 클릭하여 잔금을 납부한다.

이때 공인인증서는 개인 또는 개인 사업자인 경우 입찰자 개인 공인인증서로 공인인증 확인을 해야 한다. 입찰보증금 납부시에도 마찬가지다.

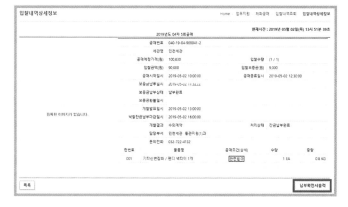

낙찰대금 납부확인

<table>
<tr><td colspan="5" style="text-align:center">낙 찰 대 금 납 부 확 인 서</td></tr>
<tr><td colspan="3">인천세관 2019년도 04차 공매</td><td colspan="2">발행일 : 2019년 05월 02일</td></tr>
<tr><td>고지번호</td><td colspan="2">040-93-19-0-000009-3</td><td>금액</td><td>구만 원정
(90,000 원)</td></tr>
<tr><td rowspan="3">납부자</td><td>성 명(상 호)</td><td>이호상</td><td>주민등록번호
(사업자등록번호)</td><td>623-</td></tr>
<tr><td>주 소</td><td colspan="3">경기도 수원시</td></tr>
<tr><td>공매물품번호</td><td colspan="3">040-19-04-900041-2</td></tr>
<tr><td rowspan="2">납부내역</td><td>계약금</td><td>9,000 원</td><td>계약금납부일시</td><td>2019-05-02 11:32:22</td></tr>
<tr><td>잔금</td><td>81,000 원</td><td>잔금납부일시</td><td>2019-05-02 01:05:14</td></tr>
<tr><td colspan="5" style="text-align:center">인 천 세 관 장</td></tr>
</table>

낙찰대금 납부확인서

'입찰내역조회' 화면에서 처리상태를 확인하면 '잔금납부완료'로 기재되어 있는 것을 확인할 수 있다. 이제는 잔금납부까지 완료하였으므로 해당 세관과 물건을 공람한 보세구역에 연락하여 반출일정을 잡고 해당 낙찰품을 수령하면 된다. 해당 세관에 가서 신분증(필수)과 해당물건에 필요한 서류(해당시)가 있을 경우 제출하고 반출증 수령, 신분증을 돌려받은 뒤 해당 보세구역으로 가서 반출증을 제출하고 해당 낙찰품을 수령하면 된다. 반출증 원본을 해당 보세구역에서 보관한다. 반출증을 달라고 하면 복사본을 준비해 준다.

낙찰 확인에서 낙찰품 반출까지의 절차가 모두 끝났다.

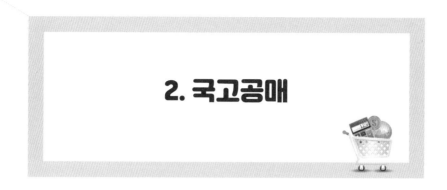

2. 국고공매

2.1. 유통사업단 물건 낙찰 & 반출

입찰시간 종료 후 상단의 'Mypage'를 클릭 후 '낙찰내역' 바로가기를 눌러 낙찰여부를 확인할 수 있다. 개찰시간보다 약 30분 후에 확인하자. 바로 확인하면 처리가 다 안되어 있을 수 있다.

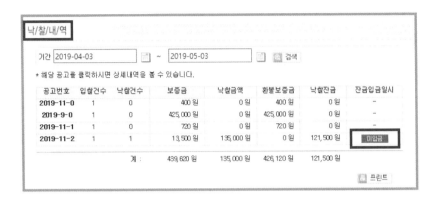

　　'낙찰내역' 화면에서 잔금입금일시 란에 '미입금'으로 표시된 부분을 클릭한다. 잔금부분이 '미입금'으로 표시되었다는 것은 '낙찰'되었다는 의미이다. 다음 화면에서 '낙찰'이라고 명확하게 표기되어 있음을 확인 가능하다. 낙찰내역에서 '낙찰잔금'과 '잔금 입금 계좌'를 확인하여 잔금을 납기 내에 입금하여 낙찰품에 대한 소유권을 취득한다. 여기서 보증금 납부 계좌와 잔금 납부 계좌는 다르니 주의하도록 한다.

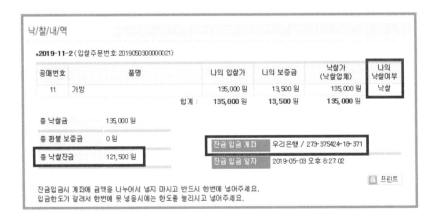

반출은 사업자 대표 본인이 간 경우를 예를 들어 설명하겠다. 유통사업단 인천창고(만석동)에 전화하여 반출 일시를 정하고, '사업자등록증 사본'과 '신분증'을 지참하여 약속 일시에 방문하도록 한다. 정해진 일시에 인천창고에 방문하여 '사업

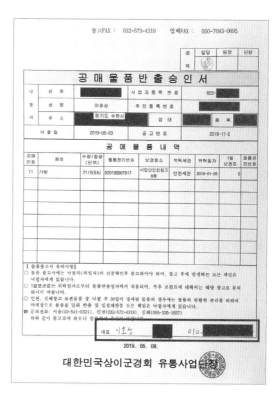

자등록증 사본'을 제출하고 '신분증'을 제시한다. 신분증은 복사 후 돌려주며 사업자등록증 사본은 돌려주지 않으니 반출시 참고하도록 하자. 유통사업단 인천창고 직원이 작성한 공매물건반출승인서(약칭:반출서)에 대표자 본인 성명 및 서명, 본인 연락처를 기재하여 해당 직원에게 다시 제출한다. 이때 반출서는 창고 측이 원본을 보관하므로 사본을 한 부 복사해 달라고 한다. 이제 유통사업단 창고 직원과 동행 하에 해당 낙찰품을 수령하여 가져오면 된다. 판매를 하든 자가 사용하든 마음대로 하면 된다.

PART
7

세관공매 판로

세관공매에서 가장 중요한 것 중에 하나가 바로 판로다. 부동산 경매의 경우 낙찰을 받으면 가격 볼륨 등의 여러 가지 이유로 적어도 6개월 이상은 소유하게 된다. 급하게 서두르지 않는 것이 일반적이다.

　반면 세관공매는 그렇게 할 수가 없다. 시간이 지나면 지날수록 물건의 가치는 점점 떨어지고, 보관료 등 부수비용이 지속적으로 소요되기 때문이다. 그래서 세관공매는 낙찰받는 것도 중요하지만, 그보다 입찰 전 판로를 개척하여 낙찰받고 신속하게 처분하는 것이 가장 중요하다.

　지인이 유명 브랜드 운동화 200켤레를 200만 원에 낙찰받았다. 최초 공매예정가격이 2000만 원 하는 것을 1/10 가격으로 낙찰받은 것이다. 낙찰자는 사전에 판로를 확인하지 않고 오직 싸다는 이유로 낙찰받았다. 굉장히 싸게 낙찰받은 것은 맞다. 그러나 판매 결과가 어떻게 되느냐에 따라 정말 이것이 잘 낙찰받은 것인지 아닌지 알 수 있다.

　판로가 중요한데 문제는 이 유명 브랜드 운동화의 사이즈가 290~310이어서 국내에서 팔기가 쉽지 않았다. 6개월 동안 어렵게 처분하던 중 그

나마 다행으로 외국인 손님이 많은 이태원의 모 신발가게에 전량 200만 원에 매각을 하였다. 산술적으로 보면 수익도 없지만 손해도 없는 것 같아 보인다. 그러나 절대 아니다.

① 운동화를 낙찰받고 가져올 때와 팔아서 갖다 줄 때 운반한 비용
② 운동화를 6개월 동안 보관한 창고 비용
③ 운동화를 팔기 위해 6개월 동안 낙찰자가 들인 정신적, 경제적 비용

결과적으로 상당한 손실이다. 자, 그러면 어떤 판로들이 있을까?

인맥

가장 중요한 것이 인맥이다. 각 분야의 도매상인과 소매상인들을 알고 있다면 세관공매를 적극 추천한다. 낙찰받기 전부터 물건에 대한 판로와 가격을 안다면 누구와 경쟁해도 승리할 수 있는 것이다.

도매시장, 땡처리, 고물상

이번에 체화공매 물건 중에 1억 원짜리 기계가 나왔다. 국고공매 물건 중에는 신발 만드는 가죽이 1억 원짜리가 나왔다. 인맥이 없는데 이것을 어떻게 팔 수 있을까?

그래서 기계(품명)를 다루는 도매시장과 소매시장, 가죽을 다루는 도

매시장과 소매시장에 가보았다. 1억 원짜리 기계는 큰 소득이 없었고, 가죽 같은 경우에는 샘플을 채취해서 물어보니 '가죽의 질은 중급이요, 가격은 평당 얼마요'라고 하는 것을 대략적으로 알 수 있었다. 가능하다면 전문 판매업자를 데리고 직접 창고에 가보는 것도 좋다.

최악의 경우에 정상적인 가격에 팔리지 않는다면 땡처리를 한다는 마음으로 낙찰받아야 한다. 따라서 절대 높은 가격에 낙찰을 받아서는 안된다. 땡처리가 가능한 가격을 입찰의 마지노선으로 삼는 것도 검토해 보아야 한다.

기계같은 경우에 판로와 가격 확인이 가능하면 좋은데 만약 그것이 불가하다면 최악의 경우에는 고물로 판다고 가정할 때 나오는 가격으로 입찰을 해야 한다.

카페와 블로그

피규어나 염색천을 낙찰받아서 상당한 수익을 올린 사례들은 관련 카페 동호회를 찾아서 그 카페지기와 협의해서 낙찰받은 천을 전량 매각한 경우다. 다음카페와 네이버 카페 중에 관련 물건의 동호회들이 의외로 많다.

요즘에는 블로그도 상당한 도움이 된다. 매도자 입장이든 또는 매수자 입장이든 말이다. 만약 본인이 블로그를 해서 물건을 판매하고 싶다면 네이버나 다음에 블로그를 만들어서 직접 판매하는 것도 나쁘지 않을 듯하다. 다만 블로그 선택에서 아무래도 다음보다는 네이버의 블로그가 좋겠고, 블로그는 단기간에 성과를 내기 어려우므로 최소한 6~10여 개월간 꾸준한 양질의 포스팅이 중요하다. 하루에 꾸준하게 1개의 포스팅을 쓰는 노력과 차후 본인이 노리는 키워드에 대한 마케팅 전략도 중요하다. 더불어 카페 수강생이 낙찰받은 매니큐어 1000개와 시계 100개를 카페에서 홍보하여 매각을 해봤다. 제법 많이 팔렸다. 필자 중 한 명이 국고공매에서 가방 수십 개를 낙찰받아 카페에서 알게 된 회원들에게 성황리에 판매할 수 있었다. 낙찰자와 매수자 간에 판로를 연결해 줄 수 있는 것 중에 하나가 바로 카페나 블로그다. 서로에게 이득이다. 낙찰자는 저렴하게 낙찰받아서 일정한 수익을 남기고 파는 것이고, 매수자는 시세보다 약 50% 저렴하게 양질의 물건을 사게 된 것이다.

온라인 마켓, 중고나라 사이트

판로 중에 요즘 대세는 역시 온라인 마켓과 중고나라 사이트 등이다. 밴드 등을 통해서 매각하는 사례도 점점 증가하고 있다.

온라인 마켓 중에 '스마트 스토어', 'G마켓'과 '11번가'를 많이 활용하고 있다.

중고나라 카페도 세관공매 물건을 파는 데 활용할 수 있다.

만약에 '스마트 스토어' 등에서 '온라인 마케팅'을 할 거라면 네이버 '스마트 스토어'에서 직접 운영하는 온라인 마케팅 교육 등에도 관심을 가져보기 바란다.

필자도 앞으로 세관공매에 더욱 매진해서 비지니스 사업으로 키워볼 생각도 가지고 있다. 특히 필자처럼 경매와 NPL 그리고 온비드 공매를 하던 사람들은 시간적 여유가 상당히 있어 유리하다. 부동산 현장을 볼 때 근처 보세창고에 가서 세관공매 물건도 보고 오면 상당히 효율적이라고 판단된다.

앞으로도 세관공매 시장은 꾸준할 거고, 상당히 매력적인 시장이 될 것 이다. 터무니없는 욕심을 부리지 않고 소소한 재미와 소소한 이득을 올리고 싶은 분들에게 세관공매를 적극 추천해본다.

PART
8

공매조건
(가나다 순)

1. 공매조건 해결방법(공통사항)

각 세관의 상당수 공매물건에 '공매조건'이라는 혹이 달려 있다. 공매조건은 대외무역법, 전기생활용품안전법, 경찰청 허가를 받아야 되는 총포화약법, 수출조건 등 각 품목의 특성에 따라 다양하다.

만약 조건이 붙은 물건을 낙찰받았는데 조건을 풀지 못했을 경우에는 아래와 같이 조치된다.

1. 체화공매에서 공매조건을 풀지 못하면 보증금을 국고에 귀속, 나머지 낙찰 잔금은 되돌려받는 것이 원칙이다. 단, 공매조건을 풀지 못하는 데 낙찰자의 귀책이 없다면 보증금까지 반환해주는 경우가 있다.
2. 국고공매에서 물건을 낙찰받았는데 공매조건 이행이 되지 않았다면 보증금은 국고에 귀속, 나머지 잔금은 반환해준다.

공매조건을 풀 수 있는 기간은 보통 낙찰 후 한 달이다. 불가피하게 시간이 더 소요되면 공매 담당자에게 허가를 득하면 된다.

공매조건은 수입조건과 같다. 수입조건은 물건을 해외에서 국내로 들여올 때 붙는 조건으로 물건의 종류에 따라 조건이 다르다. 여기서 공매조건이란 공매목록에 기재되어 있는데 수입할 때 관련된 법이다. 관련법은 변경될 수 있으므로 입찰 전 확인하는 습관을 들이자.

사업자로 공매조건이 있는 물건을 입찰 전 해당 세관의 공매담당자에게 해당 공매조건을 충족시키기 위한 서류를 문의하고 소관부처 연락처와 시험기관 연락처를 물어본다. 공매조건 관련 소관부처와 시험기관을 바로 알 수 있는 경우가 있고, 그렇지 못한 경우가 있다. 이때 그렇지 못한 경우, 법제처 사이트로 가서 해당 공매조건으로 검색을 하자. 검색한 공매조건 관련된 소관부처와 연락처를 알 수 있다.

소관부처에 연락하여 문의할 때 해당 물건을 '수입하려고 알아보고 있다' 하고, 필요시 시험기관과 교육기관 연락처를 물어보도록 하자. 시험기관에 연락하여 시험시 필요한 샘플 및 제출해야 되는 것을 문의하고, 시험비용 및 기간도 확인하자. 교육이 필요한 경우 교육기관에 연락하여 교육받을 수 있는 일시와 방문교육인지 인터넷으로 가능한지 물어보고, 비용 등도 확인한다. 예를 들어 수입식품을 낙찰받고자 할 경우 위생교육이수 후 요건을 갖추어야 해당 사업자 영업등록을 할 수 있다. 상세한 사항은 공매조건 중 하나인 '수입식품안전관리 특별법'편에서 다루기로 한다.

세관공매에 나오는 물건이 천차만별이듯 물건에 대한 공매조건도 다양하다. 자신이 낙찰받고자 하는 물건이 이러한 조건에 걸려 있다면, 이것을 만족시키는 법적 서류와 절차를 밟아야만 물건 반출이 가능하다. 입찰시 입찰자가 동의한 각종 법령에 의하여 검사, 추천, 형식 승인 등의 공매조건 이행이 필요한 물건은 낙찰자의 책임과 경비로 낙찰에 관련된 '조건 이행 완료 증명서 등의 원본을 낙찰일로부터 30일 이내에 제출'하여야 한다. 이때 공매조건 이행과 관련된 심사 등을 위하여 그 기간만큼 일시 반출을 허용하는데, 조건 이행 관련 기관 등이 조건 이행 기간 연장이 필요하다고 인정할 때에는 그 기간만큼 연장할 수 있다(낙찰 잔금 선납부 이행 필수).

수출조건부 공매의 경우에는 낙찰대금을 완납하고 공매낙찰일로부터 30일 이내에 수출신고 수리 및 적재 완료 후, B/L사본, 송품장, 수출적하목록, 포장명세서 등 선적 서류를 첨부하여 낙찰세관장에게 완료 보고를 해야 한다(낙찰물건의 보세 운송 장소는 세관지정장치장으로 장치장소를 제한하며, 선적이행기간 내 선적 미완료시 낙찰이 취소된다).

2. 대표적인 공매조건

공매조건 〈대외무역법〉

공매조건이 있는 물건 중에 '대외무역법'이 나와 있는 물건이 많은 부분 차지한다. 해외에서 수입한 물건 중 원산지를 표시해야 하는 제품임에도 표시가 안되어 있는 경우에 해당된다. '대외무역법'에 해당하는 물건은 의류, 액세서리, 어린이제품 등 다양하다. 낙찰 및 잔금납부 후 원산지 표시를 한 후 해당 세관의 공매 담당자의 공매조건 '대외무역법'을 이행했는지 확인을 받고 낙찰품을 반출할 수 있다.

제품에 원산지 표시 스티커만 부착하고 확인을 받으면 되는 경우도 많기에 비용과 기간을 적게 들이고 공매조건을 이행할 수 있다.

정부에서는 누구나 쉽게 법을 찾을 수 있도록 법제처 사이트에서 찾고자 하는 법 명칭으로 검색하면 해당 법의 내용을 확인할 수 있도록 하고 있다. 네이버, 다음 등의 사이트에서 '법제처'를 검색하여 법제처 사이트로 이동한다.

다음은 법제처에서 '대외무역법' 검색시 나오는 해당 법과 소관부처 연락처이다. '대외무역법'관련 사항을 확인하는 데 참고하길 바란다.

대외무역법

[시행 2019. 8. 1] [법률 제16422호, 2019. 4. 30, 타법개정]

산업통상자원부(무역정책과-수출입거래) 044-203-4025
산업통상자원부(무역안보과-전략물자) 044-203-4058
산업통상자원부(신북방통상총괄과-플랜트) 044-203-5682
산업통상자원부(수출입과-원산지) 044-203-4044

– 소관부처 : 상기 참조

– 실무기관 : 해당 세관(체화공매) 또는 유통사업단(국고공매)

공매조건인 '대외무역법'의 이행 확인은 체화공매라면 입찰한 해당 세관에서 공매담당자가 진행을 하고, 국고공매라면 유통사업단 직원이 확인을 한다. 이때 '원산지 표시 이행서, 반출서(공매물품 반출 승인서), 반출승인 후 원산지표시에 관한 서약서'를 받고 반출할 수 있다.

원산지 표시는 말 그대로 'MADE IN ITALY', 'MADE IN CHINA' 등과 같이 어느 나라에서 생산된 제품인지 표시해야 하는 조건이다. 공매 물건 중에 의류의 공매조건이 원산지 표시일 경우 라벨이나 태그에 원산지 표시를 해주면 된다. 하지만 시계와 같은 물건에 원산지를 표시해야 할 때는 각인해야 하는 경우가 있을 수 있다. 제품에 따라 입찰을 진행할 세관 또는 유통사업단에 확인한 후 입찰여부를 결정해야 한다. 스티커만 부착하면 되는 제품이면 비교적 간단하지만, 시계와 같이 각인을 해야 되는 제품일 경우 공매조건을 이행하는 데 어려움을 겪을 수 있다. 또한, '보수작업을 요하는 낙찰물건(원산지표시, 한글표시사항 등)은 낙찰일 이후 곧장 진행하며, 낙찰자의 비용으로 표시하고 반출하여야 한다'고 세관 측에서 공지하였으나 낙찰자가 부득이한 사정이 있을 경우 해당 세관 측에 양해를 구하고 일정(낙찰 후 한 달을 넘기지 말자)을 협의하여 공매조건 이행을 진행할 수 있다. 단, 컨테이너전용보세창고의 경우 추가로 보수작업을 위한 CFS로 이동시 운반비, 작업비 등이 발생할 수 있다.

해당 법은 변경될 수 있고, 세관 등에서 정책이 변경될 수도 있으니 공매조건 이행에 대한 사항을 입찰 전 재확인 후 입찰 여부를 결정하길 바란다.

원산지 표시 스티커

원산지 표시 부착 예시

▶ 낙찰품 '드럼'에 원산지 표시 스티커 부착

- '대외무역법' 이행관련 서류

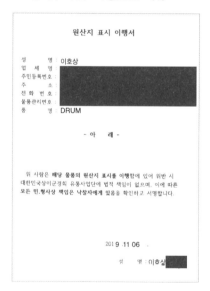 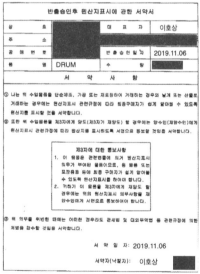

이제 낙찰품을 반출할 수 있다. 반출 후 도매로 판매를 해도 되고, 소매로 직접 판매를 해도 된다.

공매조건 〈산업안전보건법〉

　　공매조건으로 '산업안전보건법'에 해당하는 제품을 낙찰받은 사람은 '산업안전인증'을 받아야만 낙찰자가 낙찰품을 반출할 수 있다.

　　'산업안전보건인증원'에서 '산업안전인증'을 받아 입찰한 세관 공매 담당자에게 제출 후 물건을 반출하면 된다. 인증 비용이 발생하며 제품별로 상이하기 때문에 '산업안전보건인증원'에서 확인하고 입찰여부와 입찰가격을 결정하길 바란다.

　　'산업안전보건법'의 소관부처 연락처는 누구나 쉽게 법을 찾을 수 있는 '법제처' 사이트에 들어가 해당 법 명칭을 입력하면 확인할 수 있다.

　　다음은 법제처에서 '산업안전보건법' 검색 시 나오는 해당 법과 소관 부처 연락처이다. 공매조건을 해결하는 데 참고하길 바란다.

산업안전보건법

[시행 2018. 10. 18] [법률 제15588호, 2018. 4. 17, 일부개정]

고용노동부(산재예방정책과) 044-202-7690
고용노동부(산업안전과-안전관리자, 인증) 044-202-7729, 7733
고용노동부(산업보건과-교육, 건강검진, 석면) 044-202-7746, 7739, 7738
고용노동부(화학사고예방과-MSDS, PSM) 044-202-7758, 7754

　- 소관부처 : 고용노동부(산업안전과-안전관리자, 인증),
　　　　　　　TEL. 044-202-7733

　- 실무기관 : 산업안전보건인증원, TEL. 052-703-0462

산업안전보건법 해당 제품인 '안전화'를 예를 들어 인증소요기간과 인증비용에 대해 설명하겠다.

다음은 유통사업단의 공고번호 '2019-27'의 공매목록의 공매물건 중 하나인 '장화'이다.

공매번호	물품관리번호	품목	품명	수량	중량	단위	0차 판매 예정 가격	공매조건
1	020-18-S-906606	기계장비류	Antiminer L3?+	35	0	EA	1,719,740 원	전파,,
2	020-18-S-906607	기계장비류	Antiminer A3 815G	13	0	EA	447,140 원	전파,,
3	020-18-S-907176	화장품/패션잡화	대리석(STONE PRODUCT)	229	0	EA	6,805,170 원	-
4	021-18-I-908134	양주류	BVLAND PEACH BVLAND LIQUEUR	1,090	0	GT	15,274,630 원	주류,,
5	030-19-I-908072	기계장비류	ROAD MARKING MACHINE HAND LINER 45CM L45EK, HAND LINER 45CM L45EK	3	480	SET	5,599,630 원	대외무역, 자원,
6	030-19-I-908073	화장품/패션잡화	EVA RAIN BOOTS SUN-850,822,857	5,696	4,434.00	2U	9,016,690 원	대외무역, 자원,
7	030-19-I-908074	화장품/패션잡화	EVA RAIN BOOTS(장화) EVA RAIN BOOTS(장화)	295	4,307.00	CT	8,180,150 원	대외무역, 자원, 산업

해당 제품은 중국제품을 수입한 것이고 고무재질의 제품이다. 인증비용 및 처리기간을 알아보자.

상기 물건을 낙찰 및 잔금납부 후 산업안전보건법을 받는 곳에 판매해야 될 경우의 인증비용 및 인증소요기간에 대해 기재하였다. 실무기관인 '산업안전보건인증원' 문의 및 아래 내용 참고하여 '인증비용 및 처리기간' 표를 작성하였다. 이해를 돕기 위한 것이니 참고용으로만 사용하길 바란다. 대략적인 금액과 기간으로 변동의 소지가 있기 때문이다.

인증비용 및 처리기간 : 국외(중국) 기준

절 차	분야/품명	수수료(원)	처리기간
서면심사	보호구/안전화	46,000	30일
기술능력 및 생산체계심사 (공장심사)		3,500,000 (중국현지공장)	45일
제품심사		188,000 (고무재질)	30일
총 합		총 3,734,000	총 105일

위의 표에서와 같이 중국산 고무재질 안전화의 경우 '의무안전인증' 대상 품목으로 인증비용 총 3,734,000원, 인증기간 총 105일이 소요된다. 인증비용 등을 확인하여 입찰여부와 입찰시 가격을 산정하여 제품 수량 및 판매가격에 비해 인증비용이 많이 투입되어 낭패 보는 일이 없도록 하자.

'산업안전인증'관련 사항 일부를 산업안전보건인증원 사이트에서 발췌한 것이다. 이해를 돕기 위해서 일부품목만 첨부한 것이니 실제 투자를 생각한다면 해당 세관 공매담당자와 실무기관에 문의, 확인 바란다.

법적 근거

안전인증	산업안전보건법 제34조
자율안전확인의 신고	산업안전보건법 제35조

• 안전인증의 종류

의무안전인증	의무안전인증 대상 방호장치·보호구를 제조 (외국에서 제조하여 대한민국으로 수출하는 경우 등을 포함)하는 자는 고용노동부장관이 실시하는 안전인증을 받아야 한다. • 위반시 : 3년 이하의 징역 또는 2천만 원 이하의 벌금
자율안전확인신고	자율안전확인 대상 방호장치·보호구를 제조 또는 수입하는 자는 고용노동부장관이 정하여 고시하는 안전기준에 맞는 것임을 확인하여 고용노동부장관에게 신고해야 한다. • 위반시 : 1년 이하의 징역 또는 1천만 원 이하의 벌금

• 안전인증의 의무자

안전인증	서면심사	제조자(외국에서 제조하여 대한민국으로 수출하는 경우 등을 포함). 다만, 고용노동부장관이 정하여 고시하는 수량(10개) 이하로 수입하는 경우에는 수입자가 안전인증을 받을 수 있다.
	기술능력 및 생산체계 심사	
	형식별 제품심사	
자율안전확인신고		제조자 또는 수입자

'산업안전보건법' 대상품

안전인증

- 추락 및 감전 위험방지용 안전모
- 안전화
- 안전장갑
- 방진마스크
- 방독마스크
- 송기마스크
- 전동식 호흡보호구
- 보호복
- 안전대
- 차광(遮光) 및 비산물(飛散物) 위험방지용 보안경
- 용접용 보안면
- 방음용 귀마개 또는 귀덮개

자율안전확인

- 안전모(제28조제1항제3호가목의 안전모는 제외한다)
- 보안경(제28조제1항제3호차목의 보안경은 제외한다)
- 보안면(제28조제1항제3호카목의 보안면은 제외한다)
- 잠수기(잠수헬멧 및 잠수마스크를 포함한다)

안전인증 심사종류 및 자율안전확인신고

구 분		내 용
안전인증	서면심사	방호장치·보호구의 종류별 또는 형식별 설계도면 등의 기술문서가 안전인증기준에 적합한지 여부에 대한 심사
	기술능력 및 생산체계 심사	방호장치·보호구의 안전성능을 지속적으로 유지보증하기 위하여 사업장에서 갖추어야 할 기술능력 및 생산체계가 안전인증기준에 적합한지에 대한 심사
	형식별 제품심사	방호장치·보호구의 안전에 관한 성능이 안전인증기준에 적합한지에 대한 심사
	확인심사	제조자가 안전인증을 받을 당시 서면심사 내용 및 기술능력·생산체계를 지속적으로 유지하여 제품을 생산하고 있는지의 여부 등을 매년 확인
자율안전확인신고		자율안전확인대상 방호장치·보호구가 자율안전 기준에 적합한지 여부 확인

• 처리기간

구 분		처리기간
안전인증	서면심사	15일(외국에서 제조한 경우 30일)
	기술능력 및 생산체계 심사	30일(외국에서 제조한 경우 45일)
	형식별 제품심사	30일(국내·국외 제조품 농일) 60일(국내·국외 제조품 동일)
자율안전확인신고		자율안전확인대상 방호장치·보호구가 자율안전 기준에 적합한지 여부 확인

· 절차

'의무안전인증'을 받는 제품은 '서면심사 ⋯→ 기술능력 및 생산체계 검사 ⋯→ 제품심사'의 절차를 거치게 된다. 이때 접수는 상기 사항들에 대해서 동시에 접수하며 절차는 하기와 같은 순서로 진행한다. 인증받을 제품의 서면심사 소요기간, 기술능력 및 생산체계 검사 소요기간, 제품심사 소요기간을 합산하면 해당 제품의 필요한 인증소요기간을 알수 있다.

기술능력 및 생산체계 검사 단계에서 제품 생산 공장심사를 하게 된다.

'자율안전확인신고'에 해당하는 제품은 하기의 절차만 진행하면 된다. 때문에 '의무안전인증'을 받아야 되는 제품보다 빠르게 인증을 득할 수 있다.

이러한 과정으로 공매조건인 '산업안전보건법'을 해결하면 된다. 인증비용, 입찰가격 등을 고려하여 입찰여부를 결정하면 되겠다.

공매조건 〈수입식품안전관리 특별법(약칭 : 수입식품법)〉

식품류의 공매물건 중에는 '수입식품안전관리 특별법(이하 '수입식품법'이라 한다)'이 공매조건으로 쓰여 있는 경우가 있다.

이때 사업자로 입찰하기 전에 해당 세관의 공매담당자에게 '수입식품법'을 충족시키기 위한 서류를 문의하고 소관부처(담당부처) 연락처와 교육기관 연락처를 물어본다. 공매조건 관련 소관부처와 교육기관을 바로 알 수 있는 경우가 있고, 그렇지 못한 경우가 있다. 그렇지 못한 경우, 법제처 사이트에서 '수입식품법'을 검색한다. 검색한 공매조건인 '수입식품법' 관련 소관부처와 연락처를 알 수 있다.

소관부처에 연락시 문의할 때 세관공매에 대해 아는 경우도 있으나 모르는 경우가 더 많다. 수입조건이란 외국물건을 우리나라에 반입할 때 붙는 요건을 말하며, 수입조건이 곧 공매조건이므로 해당 물건을 '~(제품명)식품을 수입하기 위해 알아보고 있습니다' 하고, 수입하기 위해 필요한 사항에 대해 문의한다.

'수입식품법'의 소관부처 연락처는 누구나 쉽게 법을 찾을 수 있는 '법제처' 사이트에 들어가 해당 법 명칭을 입력하면 확인할 수 있다.

다음은 법제처에서 '수입식품안전관리 특별법' 검색시 나오는 해당 법과 소관부처 연락처이다. 공매조건 해결 시 참고하길 바란다.

수입식품안전관리 특별법 (약칭: 수입식품법)

[시행 2019. 6. 12] [법률 제15940호, 2018. 12. 11, 일부개정]

식품의약품안전처(수입식품정책과) 043-719-2159

- 소관부처 : 식품의약품안전처(수입식품정책과) TEL. 043-719-2159

- 교육기관 : 한국식품산업협회 TEL. 1577-3869 www.kfia21.or.kr

- 영업등록 : 식품안전나라 TEL. 1577-1255
  www.foodsafetykorea.go.kr

다음은 공매목록에서 '수입식품안전관리 특별법'에 해당하는 공매 물건이다. 어떤 물건이 '수입식품법'으로 되어 있는지 참고용으로 첨부하였다. 다음의 공매물건은 도정이 되어 있는 쌀 제품이다.

WHITE BASMATI RICE	1,000	20,200.00	식물방역법,수입식품안전관리 특별법 양곡관리법, 출고시 검수검량조건, 원산지표시

'WHITE BASMATI RICE(쌀 제품)'이고 공매조건에 '수입식품안전관리 특별법(수입식품법)'이 기재되어 있다. '수입식품법' 이 공매조건으로 나와 있을 때 사업자로 입찰을 하기 위해서는 관련 영업등록이 되어있어야 한다. 식품관련 여러 영업종류 중 '수입식품등 수입 판매업' 영업등록하기 위한 절차에 대해서 알아보도록 하겠다.

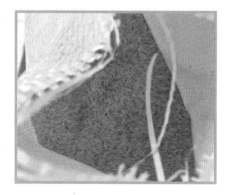

사업을 하기 위한 사업장이 있다는 전제하에 설명하도록 하겠다. 사업장의 건축물 대장의 용도가 '수입식품등 수입 판매업' 영업등록에 적합해야 한다(건축법 저촉여부).

[가능] 1, 2종 근린생활시설, 업무시설, 사무소, 판매시설, 업무용오피스텔 등.

[불가] 사무실로 사용할 수 없는 주택, 공장, 창고, 위락시설, 교육연구시설, 아파트형공장(지식산업센터), 위반건축물 등 해당 신청하는 해당 영업소 소재지 건축물관리대장상 위반건축물이 기재된 경우.

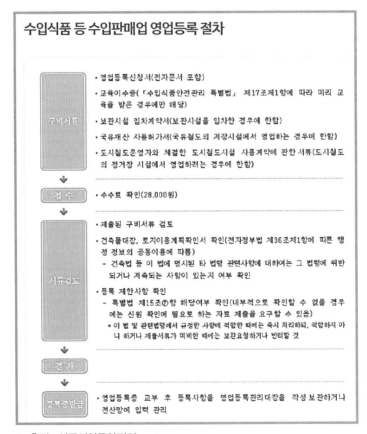

▶ 출처 : 식품의약품안전처

우선 '수입식품법'관련 영업등록을 위한 첫 단계인 교육을 이수하기 위해서는 '한국식품산업협회'에 회원가입을 한 후 다음 그림과 같이 '신규 영업자'의 '교육 신청하기'를 눌러 교육 신청 및 교육비를 납부하면 인터넷 강의로 학습 가능하다.

교육에 대한 근거규정과 교육시간 및 비용은 다음과 같다.

근거규정

식품위생법 제41조제2항(법 제88조제3항에 따라 준용되는 경우 포함):
제36조제1항의 각 호에 따른 영업을 하려는 자는 미리 식품위생교육을 받아야 한다.

수입식품안전관리 특별법 제17조제1항 :
제14조제1항 각 호에 따른 영업을 하려는 자는 미리 수입식품 등의 위생관리 등에 관한 교육을 받아야 한다.

＊사업자를 내고자 하는 식품관련 교육 수료 후 영업등록을 한다(식품관련 업종도 다양하다. 그에 맞는 교육을 수료해야 해당 사업자 영업등록을 할 수 있다). 다음 교육관련 사항을 참고 바란다.

교육기간 및 교육시간

교육기간 : 결제 완료 시부터 20일 이내

교육시간 : 식품제조·가공업, 및 즉석판매제조·가공업, 식품첨가물제조업 : 8시간(35,000원)

식품운반업, 식품소분·판매업, 식품보존업, 용기·포장류 제조업 : 4시간(20,000원)

집단급식소 설치운영자 및 위탁급식영업 : 6시간(25,000원)

<u>수입식품등 수입·판매업</u>, 수입식품등 신고 대행업, 수입식품등 인터넷 구매 대행업,

<u>수입식품등 보관업 : 4시간(20,000원)</u>

▶ 출처 : 한국식품산업협회

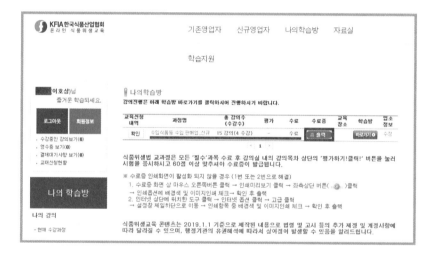

필수강의를 다 수강하게 되면 '한국식품산업협회' 사이트에서 수료증을 받을 수 있다. '한국식품산업협회' 사이트에 로그인한 후 '나의 학습방'에서 수료증 '출력' 버튼을 눌러 출력하면 다음과 같이 수료증(교육이수증)이 출력된다.

제 407613 호

신 규 위 생 교 육 수 료 증

성　　명 : 이호상　　　　　　(생년월일: ▉▉▉▉▉)

직　　책 : 대표자 ☑ / 위생관리책임자☐

업 체 명 : 호▉▉▉▉ (업 종 : 수입식품등 수입·판매업)

소 재 지 : ▉▉▉▉▉▉▉▉▉▉▉▉

교 육 과 정 명 : 신규

교육기간(시간) : 2019년 05월 20일(4시간)

위 사람은 「수입식품안전관리 특별법」 제17조제1항 및
같은 법 시행규칙 제22조제4항에 따른 위생교육을
위와 같이 수료하였으므로 이 증서를 드립니다.

2019년 05월 20일

한 국 식 품 산 업 협 회

　‘식품안전나라’ 사이트로 들어가서 ‘수입식품 등 수입 판매업’ 영업
등록 신청하는 방법에 대해 알아보도록 하겠다.

'식품안전나라' 사이트에서 좌측 상단의 '통합민원상담'을 누르면 다음과 같은 화면이 나타난다.

여기서 '수입식품 등'을 누르고 목록 중에서 '수입식품 등 수입판매업 영업등록 신청'을 누르면 다음과 같은 화면으로 넘어간다. 화면 하단의 '서울청 수입관리과'라고 나와 있는 부분을 눌러 사업장 소재지의 관할 관리과를 선택 후 '신청' 버튼을 눌러 영업등록을 신청한다. 이때 수수료는 28,000원이 발생하며, 등록면허세가 발생한다. 등록면허세는 사업장 소재지에 따라 차등 부과된다. 영업등록증 처리완료 후 통합민원상담서비스 나의 민원에서 (등록)면허세자진신고 후 원본 출력가능하다.

수입식품등 수입판매업 영업등록 신청

민원사무안내	수입식품 영업등록을 위해 영업에 필요한 교육 및 시설을 갖춘 후 지방식품의약품안전청장에게 등록하는 민원사무
소관부처	식품의약품안전처
민원유형	등록
사무구분	
접수처리	
수수료	28,000 원
구비서류	시설배치도 교육이수증(「수입식품안전관리 특별법」 제17조제1항에 따라 미리 교육을 받은 경우에만 해당합니다) 보관시설 임차계약서(보관시설을 임차한 경우에 한한다) 영업장의 시설내역 및 배치도(영 제2조제4호의 수입식품등 보관업을 등록하려는 경우에 한한다) 관세법 제174조에 따른 특허보세구역의 특허장 같은 법 제198조에 따른 종합보세사업장의 신고필증 또는자유무역지역의 지정 및 운영에 관한 법률 제1조에 따라 입주허가를 받은 보관시설의 관리부호에 관한 서류 「국유재산법 시행규칙」 제14조제3항에 따른 국유재산 사용허가서(국유철도의 정거장시설에서 영 제2조제1호의 수입식품등 수입·판매업을 하려는 경우에 한한다) 해당 도시철도사업자와 체결한 도시철도시설 사용계약에 관한 서류(도시철도의 정거장시설에서 영 제2조제1호의 수입식품등 수입·판매업을 하려는 경우에 한한다) 기타
관련법·제도	「수입식품안전관리 특별법」 제15조제1항과 같은 법 시행규칙 제16조제1항
담당부서	경인청 수입관리과, 광주청 식품안전관리과, 대구청 식품안전관리과, 대전청 식품안전관리과, 부산청 수입관리과, 서울청 수입관리과

| 목록 | 입력안내 | 개인정보제공동의서 | 서울청 수입관리과 ▼ | 신청 |

*개인정보제공동의서를 다운하신 후 작성하시고 신청 시 첨부서류란의 기타 항목에 첨부해주시기 바랍니다.

＊관련 법은 계속해서 변경된다. 확인하는 습관을 들이자.

영업등록까지 완료한 후 공매조건이 '수입식품안전관리 특별법(약칭:수입식품법)'으로 되어 있는 물건에 입찰 가능하다. 입찰 및 낙찰, 반출을 위한 기본적인 요건이 갖추어졌다. 시험검사 등의 관련 사항은 '식품위생법'을 참고하기 바란다.

공매조건 〈식물방역법〉

공매조건 관련 법은 개정될 수 있으므로 입찰 전 확인하는 습관을 들이자.

사업자로 낙찰받기 위해서는 공매조건이 있는 물건을 입찰 전 해당 세관의 공매담당자에게 해당 공매조건을 충족시키기 위한 서류를 문의하고 소관부처(담당부처) 연락처와 시험기관 연락처를 물어본다. 공매조건 관련 소관부처와 시험기관을 바로 알 수 있는 경우가 있고, 그렇지 못한 경우가 있다. 그렇지 못한 경우, 법제처 사이트로 가서 해당 공매조건으로 검색을 하자. 검색한 공매조건 관련된 소관부처와 연락처를 알 수 있다.

소관부처에 연락하여 문의할 때 해당 물건을 '농산물을 수입하기 위해 알아보고 있다' 하고, 시험기관 연락처를 물어보도록 하자. 시험기관에 연락하여 시험시 필요한 샘플 및 제출해야 되는 사항을 문의하고, 시험비용 및 기간을 확인하도록 한다.

누구나 쉽게 법을 찾을 수 있도록 정부에서는 법제처 사이트에 들어가 해당 법 명칭을 입력하면 법 내용을 확인할 수 있도록 하고 있다.

다음은 법제처에서 '식물방역법' 검색시 나오는 해당 법과 소관부처 연락처이다. 참고 바란다.

식물방역법

[시행 2019. 7. 1] [법률 제16124호, 2018. 12. 31, 일부개정]

농림축산식품부(검역정책과) 044-201-2074

- 소관부처 : 농림축산식품부(검역정책과) TEL. 044-201-2074

- 시험기관 : 농림축산검역본부 TEL. 054-912-1000
        http://www.qia.go.kr

- 식물검역부 식물검역과 TEL. 054-912-0616

다음의 공매목록 중 빨간 직사각형 부분의 공매물건을 예를 들어 설명하겠다.

FROZEN GARLIC SLICES	2,400	24,480.00	(주)부산해사랑 냉동보세창고	식품위생법, 식물방역법, 대외무역법

'FROZEN GARLIC SLICES(냉동마늘 슬라이스)'로 공매조건에 식물방역법이 기재되어 있다.

'식물방역법'이 공매조건인 경우 낙찰 및 잔금납부 후 '수입식물검사합격증명서(이하 '증명서'라 한다)'를 입찰한 세관공매 담당자에게 제출하여야 낙찰물건을 반출 가능하다.

증명서를 발급받기 위해서는 식물검역부 식물검역과에 해당 물건이 보관된 창고의 관할 국립식물검역과 연락처를 문의 확보한 후 연락하여 식물검역검사를 했는지 여부를 확인한다. 검역검사가 된 공매물건은 관할 국립식물검역과에 낙찰자가 요청하면 증명서를 발급받을 수 있다.

발급받은 증명서를 입찰한 세관의 공매담당자에게 제출한 후 낙찰품을 반출할 수 있다. 물론 다른 공매조건이 있다면 그것도 모두 해결한 후에야 반출 가능하다.

검역검사가 안된 공매물건의 경우 검역대행사를 통해서 검역검사 후 증명서를 발급받아 해당 세관의 공매담당자에게 제출하면 된다.

수입식물 검역절차는 다음과 같다.

수입식물 검역절차 식물검역 안전에 대한 모든 정보가 있습니다.

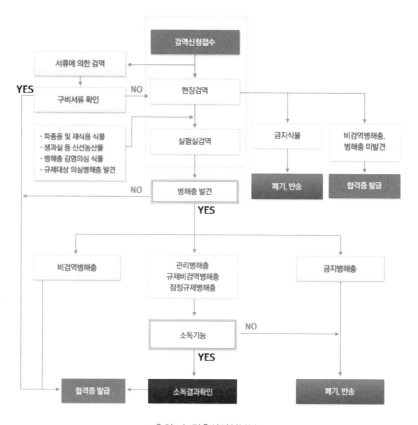

* 출처 : 농림축산검역본부

식물류 검사 신청 등 대행업체 현황은 '농림축산검역본부' 홈페이지에서 '식물검역'의 '식물류 검사신청 등 대행업체현황'을 눌러 확인 가능하다. 다음 그림을 참고하기 바란다.

공매조건 〈식품위생법〉

식품류의 공매물건 중에는 '식품위생법'이 공매조건으로 되어 있는 경우가 있다.

이때 사업자로 입찰하기 전에 해당 세관의 공매담당자에게 '식품위생법'을 충족시키기 위한 서류를 문의하고, 소관부처(담당부처) 연락처와 교육기관 연락처를 물어본다. 공매조건 관련 소관부처와 교육기관을 바로 알 수 있는 경우가 있고, 그렇지 못한 경우가 있다. 그렇지 못한 경우, 법제처 사이트에서 '식품위생법'을 검색한다. 검색한 공매조건인 '식품위생법' 관련된 소관부처와 연락처를 알 수 있다.

소관부처에 연락하여 문의할 때 세관공매에 대해 아는 경우도 있으나 모르는 경우가 더 많다. 해당 물건을 '~(제품명)식품을 수입하기 위해 알아보고 있는데, 식품위생법에 해당한다고 합니다'라고 하며 수입하기 위해 필요한 사항에 대해 문의한다. 수입조건이 곧 공매조건이기 때문이다.

'식품위생법'의 소관부처 연락처는 누구나 쉽게 법을 찾을 수 있는 '법제처' 사이트에 들어가 해당 법 명칭을 입력하면 확인할 수 있다.

다음은 법제처에서 '식품위생법' 검색시 나오는 해당 법과 소관부처 연락처이다. 공매조건을 해결하는 데 참고하길 바란다.

- 교육기관 : 한국식품산업협회 TEL. 1577-3869 www.kfia21.or.kr

- 영업등록 : 식품안전나라 TEL. 1577-1255

www.foodsafetykorea.go.kr

- 보건환경연구원(부산광역시) : TEL. 051-309-2730

https://www.busan.go.kr/ihe/heinspection

'식품위생법'이 공매조건으로 쓰여 있을 때 사업자로 입찰을 하기 위해서는 관련 영업등록이 되어 있어야 한다. 필수 교육을 받는 교육기관은 '한국식품산업협회'로 '수입식품법'관련 교육을 받는 곳과 동일하다.

'수입식품 등 수입 판매업' 영업허가증이 있어도 입찰 가능하다. 세관 및 상황에 따라 변할 수도 있으니 해당 물건을 공매하는 세관에 입찰 전 재확인하도록 한다.

'식품안전나라' 사이트로 들어가서 '식품위생법' 관련 영업등록을 신청하는 방법에 대해 알아보도록 하겠다.

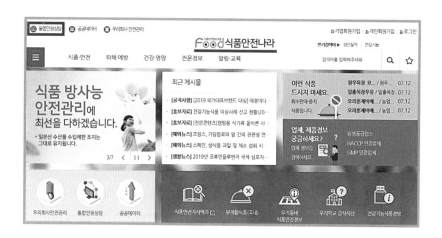

　'식품안전나라' 사이트에서 좌측 상단의 '통합민원상담'을 누르면 다음과 같은 화면이 나타난다.

　여기서 '식품영업 등'을 눌러 영업등록을 신청한다.

영업등록까지 완료한 후 공매조건이 '식품위생법'으로 되어 있는 물건에 입찰 가능하다. 입찰 및 낙찰, 반출을 위한 기본적인 요건이 갖추어졌다.

다음의 공매목록 중 빨간 직사각형 부분의 공매물건을 예를 들어 설명하겠다.

DRIED RED PEPPER	180	3,618.00	(주)대빙고 냉장·냉동보세창고	식품위생법, 식물방역법, 대외무역법 유통이력신고대상

'DRIED RED PEPPER(말린 고추)' 물건으로 공매조건에 '식품위생법'이 기재되어 있다. 낙찰 후 잔금까지 납부했다면, 반출조건은 '식품 등 수입신고필증'을 해당 세관 공매담당자에게 제출해야 한다. 이를 받기 위해서는 우선 물건 보관창고의 관할 지방식약처에 신고하고 시험검사를 받아야 한다. 여기서는 해당 제품이 부산에 보관되어 있으므로 부산식약처에 신고하여 보건환경연구원에서 시험검사를 받는다.

식품 등의 수입신고 절차는 다음과 같다.

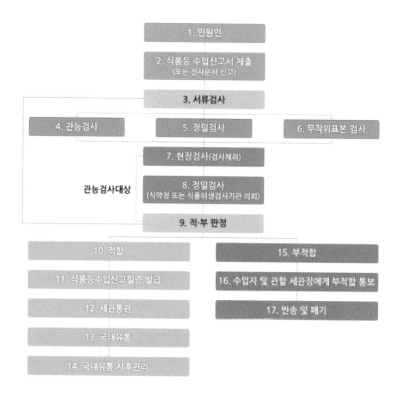

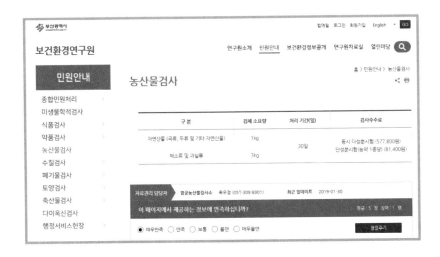

해당 물건인 마늘은 잔류농약시험과 중금속 검사도 받아야 된다. 검사 총 수수료는 약 75만 원 정도이다.

*관련 법은 계속해서 변경된다. 확인하는 습관을 들이자.
(2019년 7월 16일 식품위생법 등을 확인)

검사를 완료한 후 문제 없으면 '식품 등 수입신고필증'을 받아 해당 세관 공매담당자에게 제출한 후 물건을 반출하면 된다. 만약 낙찰받은 물건에 문제가 있어 '식품 등 수입신고필증'을 받지 못한다면 잔금 및 입찰보증금을 돌려주기도 한다.

공매조건
〈어린이제품 안전 특별법(약칭:어린이제품법)〉

공매조건으로 '어린이제품 안전 특별법(이하 '어린이제품법'이라 한다)'이 기재되어 있다면, 낙찰 후 시험기관에 어린이 용품에 대한 KC인증을 받고 공매를 진행한 세관 공매담당자에게 인증서를 제출하고 낙찰품을 반출하면 된다.

어린이제품 안전 특별법 (약칭: 어린이제품법)
[시행 2017. 1. 28] [법률 제13859호, 2016. 1. 27, 타법개정]
산업통상자원부(국가기술표준원 생활제품안전과) 043-870-5574

- 소관부처 : 산업통상자원부(국가기술표준원 생활제품안전과)

  TEL. 043-870-5574

- 시험기관 : 한국건설생활환경시험연구원(KCL)

  TEL. 02-2102-2500 www.kcl.re.kr

  한국기계전기전자시험연구원(KTC)

  TEL. 1899-7654 www.ktc.re.kr

해당 법률 및 시험기관 상세 사항 등은 변경될 수 있으므로 입찰하고자 하는 공매물건에 대해서 재확인하고 입찰을 진행하도록 하자. 만약을 대비해서 변경이 안 되더라도 확인하고 입찰하는 습관을 들이는 것이 좋다.

'어린이제품법'이 적용되는 공매물건의 KC인증을 받는 방법에 대해서 알아보겠다.

KC(어린이 용품) 인증

KC(어린이 용품) 인증 제도란 어린이 제품 안전 특별법 제17조에 의하여 안전인증대상 어린이 제품을 제조 판매하기 위하여 제조업자 또는 수입업자는 반드시 출고 전 또는 통관 전에 안전인증기관으로부터 대상별로 안전인증 평가를 받아야 하는 제도이다.

KC(어린이 용품) 인증은 '안전인증 대상 어린이 제품, 안전확인 대상 어린이 제품, 공급자적합성 확인대상 어린이 제품'의 세 가지 제품군으로 분류되어 인증이 진행된다.

이에 대해 자세히 알아보도록 하겠다.

1. 안전인증 대상 어린이 제품

※ 기타 어린이용 제품 시험기관 문의

어린이제품 안전 특별법 제2조 제9호에 의거하여 '안정인증 대상 어린이 제품'은 다음과 같다(재질, 구조, 사용 방법 용도가 어린이 신체 및 생명의 피해에 대해 우려되는 제품).

안전인증대상 어린이 제품 (4 품목)	적용안전기준
어린이용 물놀이기구	– 어린이 제품 공통안전기준(2020.06.04.시행) – 어린이용 물놀이기구 안전기준
어린이 놀이기구	– 어린이 제품 공통안전기준(2020.06.04.시행) – 어린이 놀이기구 안전기준
자동차용 어린이 보호장치	– 어린이 제품 공통안전기준(2020.06.04.시행) – 자동차용 어린이 보호장치 안전기준
어린이용 비비탄총	– 어린이 제품 공통안전기준(2020.06.04.시행) – 어린이용 비비탄총 안전기준

2. 안전확인 대상 어린이 제품

'안전확인 대상 어린이 제품'이란 어린이제품 안전 특별법 제2조 제11호에 의거하여 구조·재질 및 사용방법 등으로 인하여 어린이의 생명·신체에 위해를 초래할 우려가 있는 어린이 제품 중에서 제품검사로 그 위해를 방지할 수 있다고 인정되는 어린이 제품으로서 산업통상자원부령으로 정하는 것을 말한다.

다음 표는 '안전확인 대상 어린이 제품' 중 일부를 발췌한 것이다.

안전확인대상 어린이 제품 (17품목)	적용안전기준
유아용 섬유제품	– 어린이 제품 공통안전기준(2020.06.04.시행) – 유아용 섬유제품 안전기준
합성수지제 어린이용품	– 어린이 제품 공통안전기준(2020.06.04.시행) – 힙싱수지제 어린이 용품 안전기준
어린이용 스포츠보호용품 (보호장구 및 안전모)	– 어린이 제품 공통안전기준(2020.06.04.시행) – 어린이용 스포츠용품 안전기준
어린이용 스케이트보드	– 어린이 제품 공통안전기준(2020.06.04.시행) – 어린이용 스케이트보드 안전기준

3. 공급자적합성 확인대상 어린이 제품

어린이 제품 안전 특별법 제2조제12호에 의거하여 공급자적합성 확인대상 어린이 제품은 다음과 같다. (안전인증 및 안전확인 어린이 제품을 제외한 어린이 품목)

다음 표는 '공급자적합성 확인대상 어린이 제품' 중 일부를 발췌한 것이다.

공급자적합성 확인대상 어린이 제품	적용안전기준
1. 개별안전기준이 있는 공급자적합성 확인대상 어린이 제품	
어린이용 가죽제품	– 어린이 제품 공통안전기준(2020.06.04.시행) – 어린이용 가죽제품 안전기준
어린이용 물안경	– 어린이 제품 공통안전기준(2020.06.04.시행) – 어린이용 물안경 안전기준
어린이용 바퀴달린 운동화	– 어린이 제품 공통안전기준(2020.06.04.시행) – 어린이용 바퀴달린 운동화 안전기준
2. 개별안전기준이 없는 공급자적합성 확인대상 어린이 제품	
기타 어린이 제품	– 어린이 제품 공통안전기준(2020.06.04.시행)

인증절차

1 단계 ▶ 안전인증 신청(신청서 및 구비서류 지참)

2 단계 ▶ 접수 확인 및 통보(인증스케줄 및 입금 확인)

3 단계 ▶ 제품 및 공장심사(안전인증 한함)

4 단계 ▶ 안전인증서 발급

5 단계 ▶ 안전인증 표시 및 판매

공매조건 〈전기용품 및 생활용품 안전관리법 (약칭:전기생활용품안전법)〉

'전기용품안전관리법(통합 명칭변경)'과 '품질경영 및 공산품안전관리법(폐지통합)'이 통폐합되어 명칭이 '전기용품 및 생활용품 안전관리법'으로 바뀌었다. 이점 유념하길 바란다.

전기용품안전 관리법 (약칭: 전기생활용품안전법)

[시행 2015. 8. 4.] [법률 제13153호, 2015. 2. 3. 일부개정]

산업통상자원부(국가기술표준원 전기통신제품안전과), 043-870-5445

품질경영 및 공산품안전관리법 (약칭: 공산품안전법)

[시행 2017. 1. 28.] [법률 제13859호, 2016. 1. 27., 타법 폐지]

품질경영 및 공산품안전관리법은 폐지한다.

日□ 부   척 〈법률 제13859호, 2016. 1. 27.〉(전기용품 및 생활용품 안전관리법) [◎ 부칙 (접기)]

제1조(시행일) 이 법은 공포 후 1년이 경과한 날부터 시행한다.

제2조(다른 법률의 폐지) 품질경영 및 공산품안전관리법은 폐지한다.

제3조부터 **제19조**까지 생략

전기용품 및 생활용품 안전관리법 (약칭: 전기생활용품안전법)

[시행 2018. 7. 1] [법률 제15338호, 2017. 12. 30. 전부개정]

산업통상자원부(국가기술표준원 전기통신제품안전과) 043-870-5445

- 소관부처 : 산업통상자원부(국가기술표준원 전기통신제품안전과)
  T.043-870-5445

- 시험기관 : KTL(한국산업기술시험원) TEL. 080-808-0114
  https://www.ktl.re.kr

－ 시험기관 : KCL(한국건설생활환경시험연구원) TEL. 02-2102-2500
http://www.kcl.re.kr

'전기용품 및 생활용품 안전관리법(이하 '전기생활용품안전법'이라
한다)'으로 통폐합되었으나 공매물건이 전기용품에 해당되면 'KTL(한
국산업기술시험원)'에서 시험 및 인증을 받고, 생활용품에 해당되면
'KCL(한국건설생활환경시험연구원)'에서 시험 및 인증을 받아야 한다.
'전기생활용품안전법' 관련 시험 인증기관이 위에 기재한 기관 이외에
도 있다. 본 책에서는 편의상 유통사업단(국고공매)에 기재된 인증기
관을 언급하였다.

전기용품

전기용품이란 공업적으로 생산된 물품으로서 교류 전원 또는 직류
전원에 연결하여 사용되는 제품이나 그 부분품 또는 부속품을 말한다.

전기용품일 경우 하기 사항에 따라 'KTL(한국산업기술시험원)'에서
검증을 한다.

1. KC (전기용품)

전기용품의 경우 KC인증은 **'안전인증, 안전확인, 공급자 적합성확인'**
이렇게 세 가지로 분류된다.

'전기용품 안전인증'을 받는 방법부터 알아보자.

1-1. 안전인증 제도

'전기생활용품안전법' 제3조의 규정에 따라 안전인증대상전기용품을 제조하거나 외국에서 제조하여 대한민국으로 수출하고자 하는 사람이 안전인증기관으로부터 제품의 출고 전(국내제조), 통관 전(수입제품)에 안전인증대상전기용품의 모델별로 안전인증을 받아야 하는 제도이다. 안전인증대상제품에 대하여 안전기준에 따라 적합성을 확인하는 제품시험과 제조자가 안전인증 대상제품의 품질을 지속적으로 유지할 수 있는지 여부를 확인하는 공장심사를 통해 출고 전에 안전인증 대상제품에 대한 안전성을 검증하는 것이다.

사후관리제도로서 연 1회 이상 공장심사와 제품시험을 실시하며 제품시험은 인증받은 모델 중 11개 제품 분류별 대표적인 품목 1개 모델에 대하여 연 1회 실시하고 있다.

안전확인대상 전기용품

- 전선류(1종)
- 전기기기용스위치 : (2종)
- 캐패시터 : (1종)
- 전기설비용부품 : (1종)
- 전기용품 보호용부품 : (2종)
- 절연변압기 : (1종)
- 직류전원 장치(전기충전기) 연결/사용 전기용품 : (1종) / (세부품목 시험기관문의)

- 전기기기 : (29종)
- 전동공구 : (1종)
- 오디오 비디오 응용기기 : 대상없음
- 정보 사무기기 : (3종)
- 조명기기 : (4종)

＊위 항목은 변경될 수 있으므로 확인바람

안전인증 신청서류

- 안전인증 신청서
- 한글 제품설명서
- 전기회로도면(각 파트별 회로도)
- 부품명세표(안전인증 대상 전기용품에 한정)
- 사업자등록증 사본
- 샘플 1개 필요(개별 안전기준에서 다르게 정하고 있을 경우 그 수량)
- 대리인임을 증명하는 서류(대리인이 신청하는 경우에 한정)

안전인증 공장심사

공장심사는 초기공장검사, 정기공장검사 및 특별공장검사로 구분

- 초기공장검사 : 최초 안전인증 취득시 실시
- 정기공장검사 : 인증취득 후 1년 1회 실시

1-2. 안전확인 제도

전기전자산업의 발달로 인한 신제품 보급증가, 기업에 대한 규제완화 필요성 등의 주변 환경변화를 고려하여 위해 수준에 따라 안전관리 절차를 차등적용하기 위해 '전기용품 안전확인' 제도를 도입하여 2009년 1월 1일부터 시행하고 있다. 안전확인대상 전기용품에 대하여는 기존의 안전인증대상 전기용품에 적용되는 공장심사와 연 1회 이상의 정기검사 절차가 적용되지 않는다.

안전확인대상 전기용품

- 전선류 : 대상없음
- 오디오 비디오 응용기기 : (10종)
- 절연변압기 : (2종)
- 캐패시터 : 대상없음
- 조명기기 : (4종)
- 전동공구 : 대상없음
- 직류전원 장치(전기충전기) 연결/사용 전기용품 : (5종)

  (세부품목 문의)

- 전기용품 보호용부품 : 대상없음
- 전기기기용스위치 : (1종)
- 정보 사무기기 : (17종)
- 전기기기 : (30종)
- 전기설비용부품 : 대상없음

*위 항목은 변경될 수 있으므로 확인바람

안전확인 구비서류

- 사업자등록증 사본
- 제품 설명서(사진을 포함한다.)
- 안전확인서 시험결과서
- 대리인임을 증명하는 서류(대리인이 신청하는 경우에 한정)

■ '안전인증'제도와 '안전확인'제도 비교

구 분		안전인증	안전확인제도
제품시험	안전성시험	○	○
공장심사	제조·검사설비	○	확인안함
	원자재·공정검사	○	확인안함
	제품검사	○	확인안함
인증·신고		안전인증서 발급	안전확인신고 증명서 발급
정기사후관리(제품시험+공장심사)		○	정기심사 없음

'○' 표시는 해당 사항에 대해 확인한다는 것이다.

안전인증 및 안전확인 인증 절차

❶ 시험 인증 문의 → 제품 상담(안전인증, 안전확인)/제품 견적 요청

❷ 제품 샘플 및 서류 제출 → 인증 업무 진행 →
시험기관의뢰(제품,공장심사 진행)

❸ 제품 수정(디버그 상담) 또는 안전인증서, 자율안전 확인 신고서
작성 완료

❹ 인증서 교부 및 업무 완료

❺ 인증표시 및 판매

1-3. 공급자적합성확인 제도

안전인증 및 안전확인 대상이 아닌 전기용품에 대해 기업이 스스로 제품시험을 실시하거나 제3자에게 시험을 의뢰하여 해당 전기용품의 안전기준 적합 유무를 확인하고 관련 사항을 한국제품안전관리원 (1833-4010)에 신고한 후 판매하도록 하는 안전관리제도이다. 따라서 공급자적합성확인 제품은 기업 자체나 외부 시험기관의 시험성적서가 구비되어 있어야 한다.

공급자적합성확인 대상 전기용품

- 전선류 : 대상없음
- 오디오 비디오 응용기기 : (24종)
- 절연변압기 : 대상없음
- 캐패시터 : 대상없음
- 조명기기 : (1종)
- 전동공구 : 대상없음
- 직류전원 장치(전기충전기) 연결/사용 전기용품 : (4종)
  (세부품목 문의)

- 전기용품 보호용부품 : 대상없음
- 전기기기용스위치 : 대상없음
- 정보 사무기기 : (20종)
- 전기기기 : (13종)
- 전기설비용부품 : 대상없음

＊위 항목은 변경될 수 있으므로 확인바람

공급자적합성확인 구비서류

- 공급자적합성확인서(시행규칙 별지 제17호)
- 공급자적합성확인신고서(시행규칙 별지 제18호)
- 제품설명서(사진을 포함한다)
- 시험결과서(시료사진 포함, 정격, 전기회로 도면, 안전관리 부품 및
  재질의 목록, 주의 또는 경고문구 등을 포함한 표시사항, 제품시험
  일자 및 장소, 제품시험자의 성명과 소속 등이 포함되어야 함)

공급자적합성확인 신고절차

❶ 제품시험 → ❷ 신고서 및 확인서 작성 →
❸ 한국제품안전협회에 신고 → ❹ 확인서 발급 → ❺ 인증표시 및 판매

생활용품

생활용품이란 공업적으로 생산된 물품으로, 별도의 가공(단순한 조립은 제외한다) 없이 소비자의 생활에 사용할 수 있는 제품이나 그 부분품 또는 부속품(전기용품은 제외한다)을 말한다.

생활용품일 경우 하기 해당 사항을 'KCL(한국건설생활환경시험연구원)'에서 검사한다.

2. KC(생활용품)

생활용품의 경우 KC인증은 **'안전인증, 안전확인, 공급자적합성확인'** 이렇게 세가지로 분류된다(참고로 생활용품 중 KC인증 없이 '안전기준준수' 사항을 표시하는 것으로 판매가 가능한 용품도 있다. '안전기준준수' 관련 사항은 '전기생활용품안전법, 제28조'를 참고하길 바란다).

2-1. 안전인증 제도

'전기생활용품안전법, 제5조'에 의거해 안전인증대상제품의 제조업자 또는 수입업자가 출고 전 또는 통관 전에 모델별로 안전인증기관으로부터 안전인증(제품시험 및 공장심사를 거쳐 제품의 안전성을 증명하는 것)을 받아야 하는 제도이다.

구조·재질·사용방법 등으로 인하여 소비자의 생명·신체에 대한 위해, 재산상 피해나 자연환경의 훼손에 대한 우려가 크다고 인정되는 생활용품으로 다음과 같은 품목이 있다.

■ **안전인증대상 생활용품**

분 야	안전인증대상 생활용품(5품목)
화학	자동차용 재생타이어(트레드고무를 포함한다)
생활용품	가스라이터, 물놀이기구, 비비탄총
기계금속	가정용 압력냄비 및 압력솥

2-2. 안전확인 제도

'전기생활용품안전법, 제15조'에 의거해 안전확인대상제품의 제조업자 또는 수입업자가 출고 또는 통관 전에 모델별로 안전확인시험기관으로부터 안전확인시험을 받아 안전기준에 적합한 것임을 확인한 후 이를 안전인증기관에 신고하는 제도이다.

구조·재질 또는 사용 방법 등으로 인하여 소비자의 생명·신체에 대한 위해, 재산상 피해나 자연환경의 훼손에 대한 우려가 있는 생활용품으로 다음과 같은 품목이 있다.

■ 안전확인대상 생활용품

분 야	안전확인대상 생활용품(23품목)
섬유	등산용 로프, 스포츠용 구명복
화학	건전지(충전지는 제외한다), 건전지('20.11.15.시행), 자동차용 브레이크액, 자동차용 타이어
기계	빙삭기, 휴대용예초기의 날 및 보호덮개, 휴대용 예초기의 날 및 보호덮개('21. 03. 04.시행)
건축	미끄럼 방지타일, 실내용 바닥재
생활	고령자용 보행보조차, 고령자용 보행차, 디지털 도어록, 롤러스포츠 보호장구, 스노보드, 스케이드보드('20.02.16.시행) (중략)

안전인증 및 안전확인 인증절차

1 단계 안전인증, 안전확인 신청(해당하는 사항 신청, 구비서류 지참)

2 단계 접수 확인 및 통보(인증스케줄 및 입금 확인)

3 단계 공장심사 실시(설비, 능력, 생산과정) → 안전인증 대상 한함

4 단계 제품검사(시료제출) 및 보안

5 단계 인증서 발급 완료

6 단계 인증표시 및 판매

2-3. 공급자적합성확인 제도

'전기생활용품안전법, 제23조'에 의거해 공급자적합성확인대상제품의 제조업자 또는 수입업자가 출고 또는 통관 전에 모델별로 직접 제품

시험을 실시하거나 제3자에게 제품시험을 의뢰하여 해당 제품이 안전기준에 적합한 것임을 스스로 확인하는 제도이다.

소비자가 취급·사용·운반 등을 하는 과정에서 사고가 발생하거나 위해를 입을 가능성이 있거나 소비자가 성분·성능·규격 등을 구별하기 곤란한 생활용품으로 다음과 같은 품목이 있다.

■ **공급자적합성확인대상 생활용품**

분 야	공급자적합성확인대상 생활용품(15품목)
화학	폴리염화비닐관
기계금속	자동차용 휴대용 잭
건축	물탱크
생활	가구 일부(높이 762mm 이상 서랍장 / 파일링 캐비닛), 가구 일부('20. 09. 02.시행) 롤러스케이트, 바퀴 달린 운동화 (중략)

공급자적합성확인 인증 절차

1 단계 공급자적합성기준에 적합함을 확인
(제조업자(외국제조업자 포함), 수입업자)

2 단계 공급자적합성에 관한 표시
(제조업자(외국제조업자 포함), 수입업자)

공매조건 〈전파법〉

　공매물건 중에는 '전파법'이 공매조건으로 쓰여 있는 경우가 있다. 이때 사업자로 입찰하기 전에 해당 세관의 공매담당자에게 연락하여 '전파법'을 충족시키기 위한 서류를 문의하고 소관부처(담당부처) 연락처와 인증기관 연락처를 물어본다. 참고로 입찰을 주관하는 세관의 공매담당 전화번호는 공매공지 첨부파일에 기재되어 있다.

　공매조건 관련 소관부처와 인증기관을 바로 알 수 있는 경우가 있고, 그렇지 못한 경우가 있다. 그렇지 못한 경우, 법제처 사이트에서 '전파법'을 검색한다. 검색한 공매조건인 '전파법' 관련된 소관부처와 연락처를 알 수 있다. 소관부처에 문의할 때 세관공매에 대해 아는 경우도 있으나 모르는 경우가 더 많기 때문에 해당 물건을 '~(제품명)을 수입하기 위해 알아보고 있습니다' 하고, 수입하기 위해 필요한 사항에 대해 문의한다. 수입조건이 곧 공매조건이기 때문이다.

　'전파법' 시험(인증)을 받기 위해서는 반드시 샘플이 필요하다. '전파법'이 공매조건으로 있는 공매물건을 낙찰받은 후 잔금을 납부하고 샘플을 반출하여 시험기관에 시험(인증)을 의뢰한다. 인증완료 후 인증서를 받아 입찰한 세관의 공매담당자에게 제출하면, 낙찰받은 물건을 반출할 수 있다.

'전파법'의 소관부처 연락처는 법률을 찾을 수 있는 '법제처' 사이트에 들어가서 해당 법 명칭을 입력하면 누구나 쉽게 찾을 수 있다. 다음은 법제처에서 '전파법' 검색시 나오는 해당 법과 소관부처 연락처이다. 공매조건을 해결하는 데 참고하길 바란다.

전파법

[시행 2020. 6. 11.] [법률 제16756호, 2019. 12. 10., 일부개정]

과학기술정보통신부 (전파정책기획과) 044-202-4923, 4924
방송통신위원회 (방송지원정책과 – 방송용 주파수) 02-2110-1433

- 소관부처 : 과학기술정보통신부(전파정책기획과)

           TEL. 044-202-4923, 4924

           방송통신위원회(방송지원정책과 – 방송용 주파수)

           TEL. 02-2110-1433

- 시험기관 주관 : 국립전파연구원, TEL. 061-338-4567

국립전파연구원 지정시험(인증)기관(일부 기재)

시험기관명	지정 분야	전화	홈페이지
(재)한국기계전기전자시험연구원	EMC, 전자파강도, 국외, 무선	TEL : 031-428-3705	http://www.ktc.re.kr
한국산업기술시험원	EMC, 선사파강도, 무선, SAR	TEL : 02 860-1452	http://www.ktl.re.kr.
(주)원텍	EMC, 전기안전, 전자파강도, 국외, 무선, SAR, 유선	TEL : 031-799-9500	http://www.onetech.co.kr

공매조건인 '전파법'의 해결방법을 예를 들어 설명하도록 하겠다. 이
해를 돕기 위한 것으로 실제 비용과는 차이가 있을 수 있으므로 참고
만 하도록 하자(시험기관에 따라서도 시험 및 인증 비용에 차이가 있
을 수 있다).

020-19-02-900033-1	MINI FAN 300PCS	619,101	전파법

위의 공매목록 발췌 부분을 보
면 제품명 'MINI FAN 300PCS'로 되
어 있고, 공매조건이 '전파법'에 해
당됨을 알 수 있다. 시험(인증)기관
에 전파법 관련 인증비용을 문의하
니 위의 제품은 '적합등록'에 해당
하는 제품이라 완제품 샘플이 필요
하며, 시험 인증 비용은 약 60만 원
이 발생하는 것을 알 수 있었다. 인
증서 및 등록비는 별도이다.

공매조건 이행을 위해 낙찰 및 잔금납부 후 해당 세관에서 낙찰자가
'견품반출허가(신청)서'를 작성하여 세관직인을 받고 해당 물건을 보관
중인 창고에 제출하여 샘플을 반출한다. 그 후 샘플을 가지고 시험기관
에 시험 인증을 의뢰하면 물건에 문제가 없다면 인증서를 받을 수 있다.

전자파 관련 적합성평가 제도(KC인증)

'전파법'에 해당하는 물건의 KC(전자파)인증은 '적합인증, 적합등록, 잠정인증'으로 나뉘며, 인증시 필요한 사항이 다르므로 다음의 KC(전자파)인증 내용을 참고하도록 하자.

1. 적합인증

전파환경 및 방송통신망 등에 위해를 줄 우려가 있는 기자재와 중대한 전자파장해를 주거나 전자파로부터 정상적인 동작을 방해받을 정도의 영향을 받는 기자재로써 '전파법 제58조의2 및 적합성평가에관한 고시 제3조제1호'에 의거하여 인증을 받고 이에 관한 표시를 제품에 부착하여 유통하도록 하는 강제인증제도이다.

적합인증 대상 기자재

선박국용 레이다, 통합공공망용 무선설비, 전화교환기, IPTV 셋톱박스
이동통신용 무선설비의 기기, 레벨측정 레이다용 무선기기 등

적합인증 구비서류

- 사용자설명서
- 시험성적서(지정시험기관 또는 MRA체결국 시험기관 발행)
- 외관도
- 부품배치도 또는 사진
- 회로도
- 대리인지정서

2. 적합등록

적합인증의 대상이 아닌 방송통신기자재 등을 제조 또는 판매하거나 수입하려는 자는 '전파법 제58조의5'에 따른 지정시험기관의 적합성평가기준에 관한 시험을 거쳐 해당 기자재가 적합성평가기준에 적합함을 확인한 후 그 사실을 과학기술정보통신부장관에게 등록하여야 한다.

해당 기기에 적용되고 있는 인증을 받고 이에 관한 표시를 제품에 부착하여 유통하도록 하는 강제인증제도이다.

적합등록 대상 기자재

– 컴퓨터, 모니터, 전기청소기, 전기세탁기, 전기담요 및 매트,
  전동공구, 전동스쿠터, 조명기기 등
– 계측기, 산업용 기기, 산업용 컴퓨터 등

적합등록 구비서류

• 적합성평가기준에 부합함을 증명하는 확인서   • 대리인지정서

3. 잠정인증

방송통신기자재 등에 대한 적합성평가기준이 마련되어 있지 않거나, 그밖의 사유로 '전파법 제58조의2 제2항이나 제3항'에 따른 적합성평가가 곤란한 경우로 '전파법 제58조의2 제7항'에 따른 적합성평가를 받아

야 한다. 다음 각 호에 해당하는 경우에는 관련 국내외 표준, 규격 및 기술기준 등에 따른 적합성평가를 한 후 지역, 유효기간 등의 조건을 붙여 해당 기자재의 제조, 수입, 판매를 허용하는 제도이다.

점정인증 대상 기자재

방송통신기자재 등에 대한 적합성평가 기준이 마련되지 않은
신규 개발 기기

잠정인증 구비서류

- 기술설명서
- 사용자설명서
- 부품배치도 또는 사진
- 자체시험결과 설명서
- 외관도
- 대리인지정서
- 회로도

＊모든 적합성평가의 신청은 과학기술정보통신부 전자민원센터(https://www.emsit.go.kr)에서 신청할 수 있다.

위의 내용들을 참고하면 소관부처 및 시험 인증기관에 문의시 인증비용 및 인증을 받는 데 필요한 사항을 보다 수월하게 알 수 있다.

입찰할 가격에 인증비용 등을 합산하여 낙찰 후 판매하였을 때 원하는 만큼의 수익이 발생할 수 있는지 검토 후 입찰여부를 결정하면 되겠다. 제품의 종류, 시험 인증기관에 따라 인증비용이 다를 수 있고, 법이 변경될 수도 있기 때문에 항상 입찰할 물건의 인증비용을 확인 후 입찰여부를 결정하도록 하자.

공매조건 〈자원의 절약과 재활용촉진에 관한 법률 (약칭:자원재활용법)〉

공매조건으로 '자원의 절약과 재활용촉진에 관한 법률(이하 '자원재활용법'이라 한다)'에 관련된 제품을 낙찰받고 잔금 납부 후 제품을 반출하기 위해서는 입찰한 곳(세관 또는 유통사업단)에서 환경부담금 납부에 관한 각서를 작성 및 제출한다. 이후 낙찰품 반출이 가능하다.

환경부담금을 납부하는 것은 폐기물부담금제도라고 이해하면 된다. 왜 그런지는 아래 내용에서 상세하게 다루도록 하겠다. 환경부담금(폐기물부담금)은 폐기물부담금시스템을 이용하여 다음연도 3월 31일까지 제출하면 된다. 예를 들어 해당 공매물건을 2019년도에 낙찰받았다면 2020년 3월 31일까지 폐기물부담금을 납부하면 되는 것이다.

누구나 쉽게 법을 찾을 수 있도록 정부에서는 법제처 사이트에 들어가 해당 법 명칭을 입력하면 법 내용을 확인할 수 있도록 하고 있다.

다음은 법제처에서 '자원재활용법' 검색시 나오는 해당 법과 소관부처 연락처이다. 참고 바란다.

자원의 절약과 재활용촉진에 관한 법률 (약칭: 자원재활용법)

[시행 2018. 11. 29] [법률 제15101호, 2017. 11. 28, 일부개정]

환경부 (자원재활용과) 044-201-7381
환경부 (폐자원에너지과) 044-201-7408
환경부 (자원순환정책과) 044-201-7345

- 소관부처 : 상기 참조

- 실무부처 : 한국환경공단부담금 TEL.032-590-4175

- 환경부담금 확인 및 납부 : 폐기물부담금 시스템 www.budamgum.or.kr

관련법 목적으로는 유해물질 또는 유독물을 함유하고 있거나, 재활용이 어렵고, 폐기물 관리상 문제를 일으킬 수 있는 제품, 재료, 용기에 대한 폐기물 처리비용을 해당 제품, 재료, 용기의 제조업자 또는 수입업자에게 부담하도록 하여 폐기물의 발생을 생산단계에서부터 억제하고 자원의 낭비를 막기 위한 제도이다. 간단하게 폐기물부담금제도라고 이해하면 된다.

폐기물부담금제도란 폐기물의 발생을 억제하고 자원의 낭비를 막기 위하여 유해물질을 함유하고 있거나, 재활용이 어렵고 폐기물관리상 문제를 일으킬 수 있는 제품, 재료, 용기의 제조업자 또는 수입업자에게 그 폐기물의 처리에 드는 비용을 부담하도록 하는 제도이다.

[근거: 자원의 절약과 재활용 촉진에 관한 법률 제12조(폐기물부담금)]

수입업자 이행절차로 다음은 '수입업자 업무 흐름도' 이다.

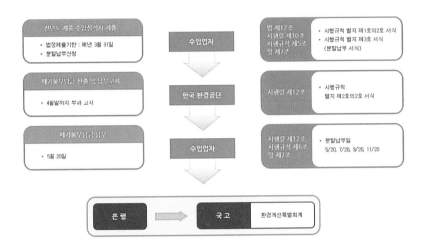

- 폐기물부담금 대상제품 제조업체는 전년도 제품 출고실적에 관한 자료를 매년 3월말까지 사업자 소재지의 관할 한국 환경공단 관할 지역본부 및 지사에 제출해야 한다.

- 법정 적용기한 : 전년도 1월 1일부터 12월 31일까지 수입분

- 법정 제출기한 : 다음연도 3월 31일까지

- 제출 방법 : 우편, 팩스, 방문 및 폐기물부담금 시스템
  (www.budamgum.or.kr)

공매조건 〈주세법〉

　주류에는 '주세법'이 공매조건으로 붙어 있는데, 이것을 해결하기 위해서는 사업장을 내고자 하는 장소의 관할 세무서에 '주류수입(출)업 면허증'을 받아야 한다. 그래야 주류 입찰 및 낙찰 후 반출할 수 있다.

　다음은 법을 손쉽게 검색할 수 있는 법제처 사이트에서 '주세법'으로 검색하면 나오는 내용을 일부 발췌한 것이다. 시행 일자와 소관부처명 및 연락처를 알 수 있다.

주세법
[시행 2019. 7. 1] [법률 제16125호, 2018. 12. 31, 타법개정]

기획재정부(환경에너지세제과) 044-215-4331

　　- 소관부서 : 기획재정부(환경에너지세제과) TEL. 044-215-4331

　　- 실무기관 : 국세청 TEL.044-204-3383

　　- 관할 세무서(참고 : 수원세무서 주류담당 TEL.031-250-4200)

　　- 무역업 고유번호증 신청 및 발급처 : 한국무역협회-KITA.NET

　　　　　　　　　　　　https://www.kita.net/

필자는 사업장 소재지가 수원이라 수원세무서에 문의하였다. 필자가 주류관련 사업장이 있는 것은 아니다. 주류수입(출)업의 경우 대부분의 업종을 겸업할 수 없으며, 도매판매만 가능하다. 문의 시점(법 개정 등) 및 사업장 소재지에 따라 다소 차이가 있을 수 있으니 주류를 낙찰받고 판매하고자 할 경우 재차 확인 바란다.

주류수입(출)업 면허를 받기 위한 요건들을 알아보도록 하겠다. 필자의 사업장 소재지의 관할 세무서에서 주류수입(출)업 면허를 받기 위한 필요 요건들은 다음과 같다.

'주류판매업(주류수입(출)업 포함) 면허신청서, 임대차계약서 사본(사업장을 임차한 경우만 해당) 등이 필요하다. 창고 면적 $22m^2$ 이상, 사무실 별도 필요, 무역업 고유번호증 사본, 사업계획서, 병역사항 증명서 또는 주민등록초본, 수입식품 등 수입 판매업 영업등록' 이 필요하다.

다음은 주류판매업(주류수입(출)업 포함) 면허신청서 양식이다.

[ ] 주류판매업 면허신청서
[ ] 의제주류판매업 면허신고서

※ 뒤쪽의 작성방법을 읽고 작성하여 주시기 바라며, [ ]에는 해당되는 곳에 √표를 합니다.

(앞쪽)

접수번호		접수일		발급일		처리기간	40일

❶ 신청인	성 명(대표자)		주민등록번호(법인인 경우 법인등록번호)	
	상 호(법인명)		사업자등록번호	
	주 소(본점 소재지)		전화번호	
	제조장 소재지		전화번호(전자우편)	

❷ 신청 내용	① 면허종류		
	영업 개시(허가) 연월일		
	② 창고면적	m²	
	③ 사업장단위과세 승인번호 및 종된 사업장 일련번호	승인번호( ), 일련번호( )	

「주세법」 제8조와 같은 법 시행령 제9조 및 제10조제1항에 따라 위와 같이 신청(신고)합니다.

년 월 일

신청(신고)인

(서명 또는 인)

세 무 서 장 귀하

| 첨부서류 | 1. 임대차계약서 사본(판매장, 사무실 등을 임차하는 경우만 해당합니다)
2. 정관, 주주총회 또는 이사회 회의록, 주주 및 임원 명부(법인인 경우만 해당합니다)
3. 동업계약서 사본(공동사업인 경우만 해당합니다)
4. 주류판매업종별 첨부서류
가. 종합주류도매업: 자본금 납입 증명서류
나. 주류수출입업: 무역업 고유번호증 사본
다. 주류중개업
 1) 체인사업자 평가서 사본
 2) 「주세법 시행령」 별표 5 제5호나목1)의 내용을 확인할 수 있는 서류
라. 주정소매업
 1) 「위험물안전관리법」 제9조에 따른 완성검사필증
 2) 주정도매업자 지정서(발효주정 소매업자인 경우만 해당합니다)
5. 의제주류판매업면허의 경우: 「식품위생법」에 따른 영업허가서 사본 또는 영업신고필증 사본 | 수수료
뒤쪽 참조 |

210mm×297mm[백상지 80g/㎡ 또는 중질지 80g/㎡]

다음은 주류판매업(주류수출입업 포함) 신청시 첨부서류 관련 내용이다.

주류제조면허 등 신청 시 첨부서류(제2조 관련)

구분	첨부서류	관련 규정
3. 주류판매업 면허 신청 시	가. 임대차계약서 사본(판매장을 임차하는 경우만 해당한다) 나. 정관, 주주총회 또는 이사회 회의록, 주주 및 임원 명부(법인인 경우만 해당한다) 다. 동업계약서 사본(공동사업인 경우만 해당한다) 라. 주류판매업종별 첨부서류 　1) 종합주류도매업: 자본금 납입 증명서류 　2) 주류수출입업: 무역업 고유번호증 사본	영 제9조제3항

▶ 출처 : 법제처

무역업 고유번호증 신청

근거 : 대외무역법 시행령 제21조 제1항 및 대외무역관리규정 제24조에 따라 산업통상자원부장관은 국가 수출입 통계 처리를 위해 무역업을 영위하는 자에게 무역업고유번호를 부여(무역업고유번호부여증 발급)하고 있다.

주류수출입업 면허 신청시 필요한 서류 중 하나가 '무역업 고유번호증 사본'이다. '무역업 고유번호'는 '한국무역협회(KITA)'에 신청(방문 또는 온라인)할 수 있다.

위의 구비서류를 준비하여 사업장소재지 관할 세무서에 판매면허를 신청한다. 판매면허 처리절차는 다음과 같다.

[판매면허 처리절차]

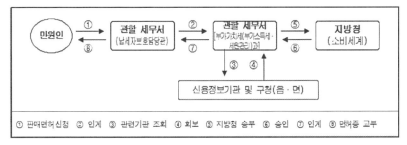

▶ 출처 : 법제처 '주세법 시행규칙_주류판매업 면허신청서' 일부 발췌

또한, '수입식품 등 수입 판매업' 영업등록('수입식품법' 참조)을 한후 주류 입찰이 가능하다. 이제 주류를 사업자로 입찰 및 낙찰 후 반출할 수 있는 조건을 갖추었다.

3. 그 외 공매조건

공매조건 〈야생생물 보호 및 관리에 관한 법률 (약칭:야생생물법)〉

공매조건으로 '야생생물 보호 및 관리에 관한 법률(이하 '야생생물법'이라 한다)'이 나와 있으면 사이테스(CITES) 해당 여부 확인이 필요하다. 왜냐하면 해당시 낙찰받고자 하는 사람의 사업장 소재지의 관할 환경청에서 수입허가를 받아야 하기 때문이다.

사이테스(CITES)란 '멸종 위기에 처한 야생 동식물 종의 국제 무역에 관한 협약'으로서 야생 동식물 표본의 국제 무역으로 인해 해당 동식물이 생존에 위협받지 않도록 하기 위한 정부간 국제 협약이다.

네이버 등의 검색창에 '법제처'를 검색하여 법제처 사이트에서 '야생생물법'을 검색하면 다음과 같이 '야생생물법'에 관한 법률과 소관부처 및 연락처를 알 수 있다.

공매조건에 해당하는 법률은 변경될 수 있으니 항상 입찰 전 소관부처 등에 문의 및 확인하길 바란다.

야생생물 보호 및 관리에 관한 법률 (약칭: 야생생물법)

[시행 2018. 10. 16] [법률 제15835호, 2018. 10. 16, 일부개정]

환경부 (생물다양성과 – 멸종위기 야생생물, 서식지외보전기관, 야생생물보호구역) 044 – 201 – 7253

환경부 (생물다양성과 – 국제적멸종위기종) 044 – 201 – 7244

환경부 (생물다양성과 – 야생 동물피해보상, 유해 야생동물 포획, 수렵 관리) 044 – 201 – 7248

환경부 (생물다양성과 – 야생동물 질병관리) 044 – 201 – 7253

환경부 (생물다양성과 – 멸종위기 야생생물 외 야생생물 등 기타) 044 – 201 – 7243

– 소관부처 : 상기 참조

– 실무부처 : 관할 환경청

– 해당 여부 확인 사이트 : https://www.speciesplus.net/,
　　　　　　　　　　　　　　https://www.cites.org/

(2019년 6월 18일 법 등 확인)

사업장 소재지의 관할 환경청을 모르겠다면 환경부(상기 참조)에 연락하면 알 수 있다.

다음은 공매조건으로 '야생생물법'이 적용된 경우이다.

아래 공매목록의 빨간 박스 부분을 보시면 '버버리 가방'에 공매조건으로 '야생생물 보호 및 관리에 관한 법률'이 적혀 있는 것을 볼 수 있다.

공매번호	품명	공매예정가격(원)	제세총액(원)	입찰구분1	입찰구분2	공매조건
040-19-08-900094-1	WOMEN S SHIRT 106 PCS	463,640	90,630	사업자	일반입찰	대외무역법
040-19-08-900031-1	CHARGER DEVICE POWER ADAPTE	75,420	11,500	개인 및 사업자	일반입찰	전기용품 및 생활용품 안전관리법
040-19-08-900035-1	LED FLASHLIGHT 100개	94,960	15,020	사업자	일반입찰	산업안전보건법
040-19-08-900002-1	LG 49UK6300 49INCH UHD LED TV 1	550,060	87,080	개인 및 사업자	일반입찰	전파법
040-19-08-900074-1	WOOL UNDERLAY 150 200 1	2,358,150	373,160	개인 및 사업자	일반입찰	전기용품 및 생활용품 안전관리법
040-19-08-900001-1	DYSON V8 VACUUAM	565,977	89,560	개인 및 사업자	전자입찰	전기용품 및 생활용품 안전관리법
040-19-08-900027-1	(WATCH) BLUETOOTH CONNECTED GBA8001ABLACKONE SIZE	497,360	84,360	사업자	전자입찰	자원의 절약과 재활용 촉진에 관한 법률
040-19-08-900033-1	ELMERS GLUE 현품 8개	368,500	53,940	사업자	전자입찰	전기용품 및 생활용품 안전관리법
040-19-08-900090-1	MARSHALL BLUETOOTH SPEAKER KILBURN	178,550	28,250	개인 및 사업자	일반입찰	자원의 절약과 재활용 촉진에 관한 법률
040-19-08-900048-1	(CASHMERE)TURTLENECK MAXI DRESSBL(PURE CASHMERE)	258,800	50,580	개인 및 사업자	일반입찰	
040-19-08-900083-1	TNA 구스다운 패딩	362,282	82,820	개인 및 사업자	전자입찰	
040-19-08-900078-1	MOLE REMOVAL PEN 300PCS	1,742,140	275,680	사업자	일반입찰	의료기기법
040-19-08-900021-1	LOCATOR	822,317	130,120	사업자	일반입찰	의료기기법
040-19-08-900017-1	BURBERRY BAG BAG	288,220	26,200	사업자	일반입찰	야생생물 보호 및 관리에 관한 법률

▶ 공매목록

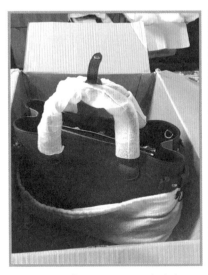

▶ 버버리 가방(BURBERRY BAG) 사진

288

가방의 재질이 천연가죽인 경우 '야생생물법'에 해당될 수 있다(참고로 가죽이라고 모두 해당되는 것은 아니며, 가죽제품에만 국한되는 것도 아니다). 검사시에 가죽샘플을 채취한다. 따라서 제품이 1개일 경우 제품 자체가 훼손될 수도 있다. 입찰 여부 결정시 참고하길 바란다.

'야생생물법' 일부를 발췌한 것이다. '야생생물의 수출 수입 등' 및 '수수료' 관련 사항이다. 참고하길 바란다. 좀 더 상세한 사항은 법제처에서 '야생생물법'을 확인해 보도록 하자.

제21조(야생생물의 수출·수입 등) ① 멸종위기 야생생물에 해당하지 아니하는 야생생물 중 환경부령으로 정하는 종(가공품을 포함한다. 이하 같다)을 수출·수입·반출 또는 반입하려는 자는 다음 각 호의 구분에 따른 허가기준에 따라 시장·군수·구청장의 허가를 받아야 한다. <개정 2014. 3. 24.>

1. 수출이나 반출의 경우
   가. 야생생물의 수출이나 반출이 그 종의 생존을 어렵게 하지 아니할 것
   나. 수출되거나 반출되는 야생생물이 야생생물 보호와 관련된 법령에 따라 적법하게 획득되었을 것
   다. 살아 있는 야생생물을 이동시킬 때에는 상해를 입히거나 건강을 해칠 가능성 또는 학대받거나 훼손될 위험을 최소화할 것
2. 수입이나 반입의 경우
   가. 야생생물의 수입이나 반입이 그 종의 생존을 어렵게 하지 아니할 것
   나. 살아 있는 야생생물을 수령하기로 예정된 자가 그 야생생물을 수용하고 보호할 적절한 시설을 갖추고 있을 것
   다. 그 밖에 대통령령으로 정하는 용도별 수입 또는 반입 허용 세부기준을 충족할 것

② 다음 각 호의 어느 하나에 해당하는 경우에는 제1항을 적용하지 아니한다. <개정 2012. 2. 1., 2014. 3. 24.>
1. 「문화재보호법」 제25조에 따른 천연기념물에 대하여 같은 법 제39조에 따라 허가를 받은 경우
2. 야생생물을 이용한 가공품으로서 「약사법」 제42조에 따른 수입허가를 받은 의약품
3. 「생물다양성 보전 및 이용에 관한 법률」 제11조에 따라 환경부장관이 지정·고시하는 생물자원을 수출하거나 반출하려는 경우
[전문개정 2011. 7. 28.]
[제목개정 2014. 3. 24.]

제58조의3(수수료) 다음 각 호의 어느 하나에 따른 허가 또는 등록 등을 받으려는 자는 환경부령으로 정하는 수수료를 내야 한다.
1. 제16조제1항에 따른 국제적 멸종위기종의 수출·수입·반출 또는 반입 허가
2. 제16조의2제1항 및 제2항에 따른 국제적 멸종위기종 사육시설의 등록·변경등록 및 변경신고
[본조신설 2013. 7. 16.]

다음 그림에 나와 있는 사이트에서 세관공매로 나온 동식물이 사이테스(CITES)에 해당되는지 확인할 수 있다(영문으로 된 사이트이지만 구글 번역 등을 이용하여 한글로 번역해서 보면 된다).

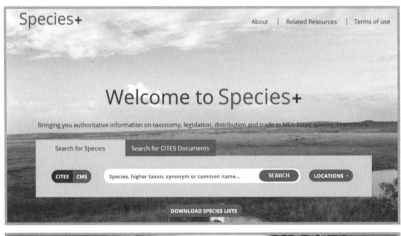

사이테스에 해당하지 않더라도 환경부령으로 정하는 종(가공품 포함)의 수출, 수입을 하려는 사람은 시장, 군수, 구청장의 허가를 받아야 한다.

세관공매로 나온 공매물건을 위의 사이트에서 동식물에 대한 정보를 알고 관할 환경청에 문의하면 수입가능 여부 및 수수료 등을 알 수 있다. 이제 수입통관이 가능한 종류라면 비용 등을 고려하여 입찰여부를 결정하면 되겠다.

공매조건 〈약사법〉

공매조건으로 '약사법'이 적혀져 있다면 의약품 등의 수입업 신고가 되어 있어야 입찰이 가능하며, 낙찰 후 반출을 위해서는 해당 공매 물건에 대해 식품의약품안전처장의 품목허가(또는 신고)를 받아야 반출할 수 있다.

법제처 사이트에서 '약사법'을 검색하면 다음과 같이 법률과 소관부처의 연락처를 알 수 있다.

약사법

[시행 2019. 7. 16] [법률 제16250호, 2019. 1. 15, 일부개정]

보건복지부 (약무정책과－약사면허, 약국, 도매상 등) 044-202-2487
식품의약품안전처 (의약품관리과－광고, 표시 등 사후관리) 043-719-2666
식품의약품안전처 (의약외품정책과－의약외품) 043-719-3712
식품의약품안전처 (의약품허가특허관리과－허가특허) 043-719-2823
식품의약품안전처 (의약품품질과－제조및품질관리기준, 제조관리자 교육 등) 043-719-2780
식품의약품안전처 (의약품안전평가과－시판후안전관리/피해구제) 043-719-2702
식품의약품안전처 (바이오의약품정책과－생물학적제제등) 043-719-3310
식품의약품안전처 (의약품정책과－식약처 총괄) 043-719-2620
식품의약품안전처 (임상제도과－(비)임상시험) 043-719-1863
식품의약품안전처 (한약정책과－한약) 043-719-3352

－ 소관부처 : 상기 참조

－ 실무기관 : 한국의약품수출입협회(완제의약품 수입)

　　　　　TEL. 02-2162-8046

　　　　　http://www.kpta.or.kr/main/main.asp

'약사법'에 해당하는 공매물건으로 완제의약품이 주로 나온다. 그러므로 완제의약품의 낙찰 및 반출에 대해서 간략히 알아보도록 하겠다.

＊완제의약품이란 모든 제조공정이 완료되어 최종적으로 인체에 투여할 수 있도록 일정한 제형으로 제조된 의약품을 말한다.

완제의약품을 수입하고자 하는 자는 소재지 관할 지방식약처에 수입업 신고를 하여야 하며, 수입하려는 제품에 대해 식품의약품안전처장의 품목 허가(또는 신고)를 받아야 한다. 이후 매 수입시마다 한국의약품수출입협회장에게 전자무역문서로 표준통관예정보고를 신청하여 요건확인을 받고 수입 통관하여야 한다.

'약사법'이 공매조건으로 있는 물건을 낙찰받고 반출하고자 한다면 해당 물건의 공매를 진행하는 세관과 한국의약품수출입협회에 상세히 확인하도록 한다.

공매조건 〈위생용품 관리법〉

입찰하고자 하는 공매물건 중 '위생용품 관리법'이 공매조건으로 되어 있다면, '위생용품 위생교육'을 받고 식약처에 '위생용품수입업' 영업신고를 해야 한다. 물론 해당 사업자가 있다면 물건을 확인하고 입찰하면 된다.

네이버 검색창에 대한민국 법에 관련된 사항을 알아볼 수 있는 사이트인 '법제처'를 검색하고 법제처 사이트로 들어가서 '위생용품 관리법'을 검색하면 다음과 같이 소관부처와 연락처 및 시행일자와 법률 제정일자도 확인할 수 있다.

위생용품 관리법
[시행 2018. 4. 19] [법률 제14837호, 2017. 4. 18, 제정]

식품의약품안전처(위생용품·담배관리TF) 043-719-1740

- 소관부처 : 식품의약품안전처(위생용품 담배관리TF)
    TEL.043-719-1740
- 실무부처 : 사업장 소재지의 관할 지방식약처
- 교육기관 : 한국식품정보원 TEL.02-405-2800

사업장 소재지의 관할 지방식약처 연락처와 시험기관은 위의 소관부처에 연락하면 알 수 있다. 위생용품 관련 교육기관인 '한국식품정보원'에서 '위생용품 위생교육'을 받을 수 있다.

'위생용품 위생교육'을 받은 후 식약처에서 '위생용품수입업' 영업신고를 완료하면 공매조건으로 '위생용품 관리법'이 적용되는 물건에 입찰할 수 있으며, 낙찰 후 잔금납부 후 반출이 가능하다. 물론 다른 공매조건이 있다면 그 조건들도 이행을 완료하고 해당 서류를 제출한 뒤 반출이 가능하겠다. 법은 개정될 수도 통·폐합될 수도 있다. 그러니 위생용품 관련 사업을 할 계획이라면 재확인 후 진행할 것을 권하는 바이다.

공매조건
〈총포·도검·화약류 등의 안전관리에 관한 법률
(약칭:총포화약법)〉

　　공매조건으로 '총포·도검·화약류 등의 안전관리에 관한 법률(이하 '총포화약법'이라 한다)'이 적혀 있는 공매물건을 입찰 및 낙찰 후 반출을 위해서는 사업장 소재지 관할 지방경찰청에 문의하여 허가를 받아야 한다.

　　다음은 법제처에서 '총포화약법'을 검색하면 나오는 내용이다. 참고할 부분을 일부 발췌하였다.

총포 · 도검 · 화약류 등의 안전관리에 관한 법률 (약칭: 총포화약법)

[시행 2018. 10. 16] [법률 제15808호, 2018. 10. 16, 일부개정]

경찰청(생활질서과) 02-3150-1361

－ 소관부처 : 경찰청(생활질서과) TEL. 02-3150-1361

－ 실무부처 : 경찰청장 또는 지방경찰청장

　　　　　　　(사업장 소재지 관힐 지방경찰청에 문이)

다음 내용은 해당 법의 일부를 발췌한 것이다.

공매조건으로 '총포화약법'이 있는 물건을 입찰하려는 경우 해당 세관 공매담당자와 관할 지방경찰청에 문의하도록 한다.

공매조건 〈화장품법〉

공매조건으로 '화장품법'이 붙어 있다면 입찰하고자 하는 사람의 사업장은 화장품 책임판매업 등록필증이 있어야 하며, 낙찰 후 반출을 위해서는 품목별로 식품의약품안전처장의 심사를 통과하고 관련 서류를 입찰한 세관의 공매담당자에게 제출해야 한다.

다음은 법제처에서 '화장품법'을 검색하면 나오는 내용이다. 참고하길 바란다.

화장품법

[시행 2019. 3. 14] [법률 제15947호, 2018. 12. 11, 일부개정]

식품의약품안전처(화장품정책과) 043-719-3409

- 소관부처 : 식품의약품안전처(화장품정책과) TEL.043-719-3409
- 실무기관 : 한국의약품수출입협회

  [화장품 수입팀 TEL.02-2162-8000(내선1 → 3)

  교육 TEL.02-2162-8058)]

  http://www.kpta.or.kr/main/main.asp

한국의약품수출입협회에서는 화장품 수입관련 시험검사, 화장품 책임판매업 교육, 표준통관예정보고까지 화장품 수입에 필요한 업무를 진행하는 곳이다.

화장품 관련 법규 준수사항

- 통관 후 반드시 품질검사(제조번호별) 후 적합 판정된 제품에 한해 용기나 포장 또는 첨부문서 등에 한글표기(화장품법 제10조, 제12조, 화장품법 시행규칙 제11조, 제19조, 제21조)한 후 판매해야 한다.
- 화장품 책임판매업자는 화장품법 및 화장품법 시행규칙 등을 숙지하여 화장품 책임판매업자의 준수사항 등을 반드시 이행하여야 한다.

세관공매로는 주로 화장품 완제품이 매각대상이 되므로, 화장품 완제품의 수입절차에 대해서 설명하도록 하겠다.

수입한 화장품을 유통·판매하려는 자(화장품 책임판매업자)는 총리령으로 정하는 바에 따라 식품의약품안전처장에게 화장품 책임판매업 등록을 하여야 하며, 기능성화장품을 제조 또는 수입하여 판매하려는 화장품 책임판매업자는 품목별로 식품의약품안전처장의 심사를 받아야 한다. 또한 종전의 화장품 신원료 심사제를 폐지하고 지난해의 화장품 제조과정에 사용된 원료의 목록 등을 식품의약품안전처장이 정하는 바에 따라 매년 2월 말까지 식품의약품안전처장에게 보고하여야 한다. 수입할 때마다 통관 전에 한국의약품수출입협회장에게 「전자무역 촉진에 관한 법률」에 의한 전자문서교환방식(EDI, XML)으로 표준통관 예정보고서를 제출하고 통관하여야 하며, 통관 후 자가품질검사(제조번호별)하여 적합한 제품만 판매해야 한다.

공매조건으로 '화장품법'이 있는 물건을 입찰하려는 경우 해당 세관 공매담당자와 한국의약품수출입협회에 재확인하도록 한다. 재확인 후 물건상태 및 입찰금액과 판매가를 고려하여 입찰여부를 최종적으로 결정하면 되겠다.

이외에도 공매조건이 더 있으나 나오는 경우가 적거나 하여 본 책에서 언급하지 않았으나 공매조건을 해결하는 공통사항에서 언급한 것과 같이 해당 세관 공매담당자에게 문의, 시험기관 문의 등의 방법으로 해결하면 되겠다.

✽ 책을 마치며…

　　공매조건은 변경될 수 있으며, 집필 중에 변경사항 확인된 것은 수정 반영 하였습니다. 그러나 책을 집필하는 이 순간에도 해당 법 내용이 개정될 수 있사오니 반드시 입찰하시 기 전에 재차 확인하시길 권해드립니다. 처음 세관공매로 낙찰 받으시는 분들은 먼저 본 인이 사용할 제품에 입찰하여 낙찰 받으시고, 사업자로 판매할 비교적 소액의 제품을 낙찰 받아 판매해 보시면 세관공매에 점차 익숙해 지실 것입니다. 패찰했다고 낙담하지 마 시고 또 낙찰에 도전해 보길 바랍니다. 원하는 제품을 원하는 가격에 낙찰 받으셔서 멋 진 판매 수익의 기쁨까지 누려보시길 기원합니다. 감사합니다.